RECUEIL

DES TEXTES LÉGISLATIFS EN VIGUEUR A CE JOUR :

21 Mars 1905, 16 Juillet 1906, 10 Juillet 1907, 14 Avril 1908, 11 Avril 1910, 13 Mars 1912, 6 Décembre 1912 et 7 Août 1913, concernant le

SERVICE MILITAIRE

(RECRUTEMENT DE L'ARMÉE)

Coordonnés et mis en harmonie avec notes marginales facilitant les recherches

La connaissance de ces textes est utile à tous, et indispensable aux jeunes Français, aux Soldats sous les drapeaux, aux Sous-Officiers et à de très nombreux Pères de Famille.

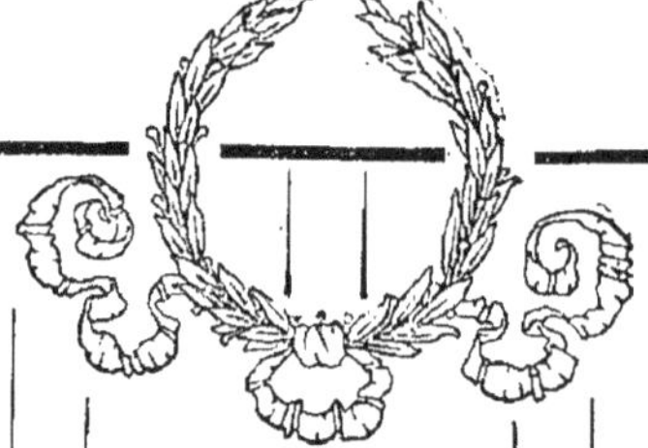

SERVICE MILITAIRE

RECRUTEMENT DE L'ARMÉE

LOI DU 7 AOUT 1913

ARTICLE PREMIER

Les lois relatives à la constitution des cadres et des effectifs de l'infanterie, la cavalerie, l'artillerie et le génie sont modifiées, en ce qui concerne l'effectif en hommes de l'armée active des différentes unités, conformément au tableau annexé à la présente loi. Organisation générale.

ART. 2

Les effectifs fixés par les lois des cadres et des effectifs représentent les nombres au-dessous desquels le total des hommes du service armé présents dans les différentes unités ne peut être abaissé. Ces effectifs ne peuvent être modifiés que par des lois spéciales indépendantes des lois des finances. Fixité des effectifs.

LOI DU 21 MARS 1905

TITRE PREMIER

Dispositions Générales

ARTICLE PREMIER

Tout Français doit le service militaire personnel. Service personnel obligatoire.

Loi du 7 août 1913, art. 3. — « L'armée se recrute :

« 1° Par appels annuels du contingent ; Composition de l'Armée

« 2° Par engagements volontaires et rengagements. »

ART. 2

Le service militaire est égal pour tous.

Hors le cas d'incapacité physique il ne comporte aucune dispense.

Durée du service.

Loi du 7 août 1913, art. 4. — « Il a une durée de vingt-huit années et s'accomplit selon le mode déterminé par la présente loi. »

ART. 3

Conditions d'admission dans les troupes Françaises.

Nul n'est admis dans les troupes françaises s'il n'est Français ou naturalisé Français, sauf les exceptions déterminées par la présente loi.

ART. 4

Cas d'exclusion de l'Armée.

Sont exclus de l'armée, mais mis, soit pour leur temps de service actif, soit, en cas de mobilisation, à la disposition des départements de la guerre et des colonies suivant la répartition qui sera arrêtée par décret rendu sur la proposition des ministres intéressés :

1° Les individus qui ont été condamnés à une peine afflictive ou infamante ;

2° Ceux qui, ayant été condamnés à une peine correctionnelle de deux ans d'emprisonnement et au-dessus, ont été en outre par application de l'art. 42 Code pén., frappés de l'interdiction de tout ou partie de l'exercice de leurs droits civiques, civils ou de famille ;

3° Les relégués collectifs ou individuels ;

4° Les individus condamnés à l'étranger pour un crime ou délit puni par la loi pénale française d'une peine afflictive ou infamante ou de deux années au moins d'emprisonnement, après constatation, par le tribunal correctionnel du domicile civil des intéressés, de la régularité et de la légalité de la condamnation.

Conditions faites aux exclus de l'Armée au point de vue des peines et de la juridiction.

Pendant la durée de leur période d'activité, après leur renvoi dans leurs foyers dans les circonstances prévues à l'art. 47, et en cas de rappel au service par suite de mobilisation, les exclus sont soumis aux dispositions qui régissent les militaires de l'armée active, de la réserve, de l'armée territoriale et de sa réserve, tant au point de vue de l'application des peines qu'au point de vue de la juridiction, sauf application de l'article 197 du Code de justice militaire pour l'armée de terre.

Insoumis et déserteurs.

Spécialement, les dispositions pénales édictées contre les insoumis et les déserteurs de l'armée sont applicables aux exclus lorsque ceux-ci se rendent coupables des faits prévus aux articles 83 et 85 de la présente loi et aux articles 231 et suiv. du Code de justice militaire pour l'armée de terre.

Les dispositions de l'article 39 ci-après leur sont également applicables dans les conditions indiquées au paragraphe premier dudit article. Toutefois, quel que soit le nombre de jours de punition passés en prison ou en cellule, la durée du maintien au service ne peut excéder une année.

Condamnés pour espionnage.

Loi du 11 avril 1910, article premier. — « Sont également exclus de l'armée et dans les conditions ci-dessus déterminées les individus reconnus coupables des délits prévus par les articles 1, 2, 5, 8 et 9 de la loi du 18 avril 1886 sur l'espionnage. »

Condamnés pour provocation à la désertion et à l'insoumission.

Loi du 6 décembre 1912, article premier. — « Sont également exclus de l'armée, dans les conditions ci-dessus déterminées :

« 1. Les individus condamnés à une peine de trois mois d'emprisonnement au moins, soit par application de l'art. 242, § 2, C. just. milit., pour provocation à la désertion, soit par application de l'art. 84 de la loi du 21 mars 1905 pour manœuvres ayant pour but de favoriser ou provoquer l'insoumission ;

Condamnés pour injures envers l'armée ou pour détournement des militaires de leurs devoirs.

» 2. Les individus qui ont été l'objet de deux ou plusieurs condamnations dont la durée totale est de trois mois au moins, prononcées soit par application des art. 30 et 33 de la loi du 29 juillet 1881 pour diffamation ou injure envers les armées de terre et de mer, soit par application de l'art. 25 de la même loi, ou de l'art. 2 de la loi du 28 juillet 1894, pour provocation adressée à des militaires dans le but de les détourner de leurs devoirs militaires et de l'obéissance qu'ils doivent à leurs chefs. »

ART. 5

Catégories des hommes à verser aux bataillons d'infanterie légère d'Afrique.

Loi du 6 décembre 1912, art. 2. — « Les individus reconnus coupables de crimes et colndamnés seulement à l'emprisonnement par application des art. 67, 68 et 463. C. pén.;

» Ceux qui ont été condamnés correctionnellement à six mois d'emprisonnement au moins, soit pour blessures ou coups volontaires, par application des art. 309 et 311 C. pén.; soit pour violences contre les enfants, prévus par l'art. 312, § 6 et suiv. du même Code.

» Ceux qui ont été condamnés correctionnellement à un mois d'emprisonnement au moins pour outrage public à la pudeur, pour délit de vol, escroquerie, abus de confiance ou attentat aux mœurs, prévu par l'art. 334 du Code pénal ;

» Ceux qui ont été condamnés correctionnellement pour avoir fait métier de souteneur, délit prévu par l'art. 2 de la loi du 3 avril 1903, quelle que soit la durée de la peine ;

» Ceux qui ont été l'objet de deux ou plusieurs condamnations dont la durée totale est de trois mois au moins pour rébellion (art. 209 à 221 C. pén.) ou violences envers les dépositaires de l'autorité et de cles 269 à 276 inclusivement. C. pén.;

» Ceux qui ont été l'objet de deux ou plusieurs condamnations dont la durée totale est de trois mois au moins, pour l'un ou plusieurs des délits prévus par les articles 269 à 276 inclusivement C. pén.;

» Ceux qui ont été l'objet de deux ou plusieurs condamnations dont la durée totale est de trois mois au moins, pour le délit de filouterie d'aliments, prévu par l'article 401, C. pén.;

» Ceux qui ont été l'objet de deux ou plusieurs condamnations, quelle qu'en soit la durée, pour l'un ou plusieurs des délits spécifiés dans l'alinéa 3 du présent article ;

» Sont incorporés dans les bataillons d'infanterie légère d'Afrique, sauf décision contraire du Ministre de la Guerre, après enquête sur leur conduite depuis leur sortie de prison.

» Pour l'application des dispositions qui

précèdent, il ne sera tenu compte des condamnations prononcées à l'étranger qu'après que la régularité et la légalité de la condamnation auront été vérifiées par le Tribunal correctionnel du domicile civil du condamné.

» Les individus qui, au moment de l'appel de leur classe se trouveraient retenus pour ces mêmes faits dans un établissement pénitentiaire, seront incorporés dans lesdits bataillons à l'expiration de leur peine, pour accomplir le temps de service prescrit par la présente loi. »

ART. 6

Aucun militaire ne pourra être envoyé aux bataillons d'infanterie légère d'Afrique par simple décision ministérielle, sauf dans le cas prévu à l'art. 93.

Les dispositions des art. 4 et 5 ci-dessus ne sont pas applicables aux individus qui ont été condamnés pour faits politiques ou connexes à des faits politiques.

En cas de contestation, il sera statué par le tribunal civil du lieu du domicile, conformément à l'art. 28 ci-après.

Ces individus suivront le sort de la première classe appelée après l'expiration de leur peine.

Conditions et formalités à remplir pour l'envoi aux bataillons d'infanterie légère d'Afrique.

Loi du 11 avril 1910, art. 3. — « Tout militaire condamné correctionnellement avant son incorporation à une peine d'emprisonnement de moins de trois mois pour un délit spécifié au deuxième paragraphe de l'article 5, pourra, en cas d'inconduite grave, après un délai minimum de trois mois depuis son incorporation, être envoyé dans un bataillon d'infanterie légère d'Afrique. L'envoi sera proposé par le commandant du corps d'armée sur avis du conseil de discipline et prononcé par le ministre de la guerre.

Catégorie des hommes pouvant être versés aux bataillons d'infanterie légère d'Afrique.

» Après le même délai et en suivant les règles spécifiées au paragraphe précédent, ceux qui, par des fautes réitérées contre les règlements militaires ou par leur mauvaise conduite, portent atteinte à la discipline et constituent un danger pour la valeur morale du corps de troupes dont ils font partie, pourront être envoyés dans des sections spéciales qui seront organisées en remplacement des compagnies de discipline par un décret du président de la République.

Possibilité pour les hommes des catégories ci-dessus, d'obtenir d'être reversés dans un corps de troupe du service ordinaire.

» Les hommes incorporés en vertu du présent article et de l'article précédent dans les bataillons d'infanterie légère d'Afrique ou dans les sections spéciales, qui se seront fait remarquer devant l'ennemi, qui auront accompli un acte de courage ou de dévouement, et ceux qui auront tenu une conduite régulière pendant six mois dans les sections spéciales et pendant une année dans les bataillons d'infanterie léfère d'Afrique, pourront être renvoyés dans un corps de troupes du service ordinaire pour y continuer leur service, par décision du ministre de la guerre, rendue sur la proposition de leurs chefs hiérarchiques. »

Art. 7

Conditions à remplir pour être investi d'une fonction publique.

Nul n'est admis dans une administration de l'Etat ou ne peut être investi de fonctions publiques, même électives, s'il ne justifie avoir satisfait aux obligations imposées par la présente loi.

Précomptement pour l'avancement dans les Administrations et Etablissements de l'Etat du temps passé au service militaire.

Loi du 7 août 1913, art. 5. — « Le temps passé sous les drapeaux par les fonctionnaires, agents et sous-agents de toutes les administrations de l'Etat, par les ouvriers et employés des établissements de l'Etat, soit avant, soit après leur admission dans les cadres, est compté, pour le calcul de l'ancienneté de services exigée pour la retraite et pour le calcul de l'ancienneté exigée pour l'avancement, pour une durée équivalente de services civils.

» Ce temps est compté en une seule fois, aussitôt accompli, si le service militaire est fait après l'admission dans les cadres, ou dès l'entrée dans les cadres, s'il a été fait auparavant. »

Art. 8

Tout corps organisé quand il est sous les armes est soumis aux lois militaires, fait partie de l'armée et relève soit du ministre de la guerre, soit du ministre de la marine.

Obligations des corps constitués lorsqu'ils sont sous les armes,

Il en est de même des corps de vétérans que le ministre de la guerre est autorisé à créer en temps de guerre et qui seraient recrutés par voie d'engagements volontaires parmi les hommes ayant accompli la totalité de leur service militaire.

ART. 9

Interdiction du droit de vote pour les militaires qui ne sont pas en congé.

Les militaires et assimilés de tous grades et de toutes armes des armées de terre et de mer ne prennent part à aucun vote quand ils son présents à leur corps, à leur poste ou dans l'exercice de leurs fonctions.

Ceux qui, au moment de l'élection, se trouvent en résidence libre, en non activité ou en possession d'un congé, peuvent voter dans la commune sur les listes de laquelle ils sont régulièrement inscrits. Cette disposition s'applique également aux officiers et assimilés qui sont en disponibilité ou dans le cadre de réserve.

TITRE II

Des Appels

ART. 10

Incorporation à 20 ans.

Loi du 7 août 1913, art. 6. — « Chaque année, pour la formation de la classe, les maires établissent les tableaux de recensement des jeunes gens ayant atteint *l'âge de dix-neuf ans révolus* dans l'année précédente et domiciliés dans l'une des communes du canton.

» Les classes sont incorporées l'année de leur recensement. »

Mode de formation des tableaux de recensement.

Loi du 21 mars 1905 — « Sont portés sur ces tableaux les jeunes gens qui sont Français en vertu du Code civil et des lois sur la nationalité.

» Ces tableaux mentionnent la profession de chacun des jeunes gens inscrits.

» Ils sont publiés et affichés dans chaque commune suivant les formes prescrites par les art. 63 et 64, Code civil. La dernière publication doit avoir lieu au plus tard le 15 janvier.

» Dans le mois qui suivra la publication des tableaux de recensement jusqu'au 15 février au plus tard, tout inscrit qui aurait à faire valoir des infirmités ou maladies pouvant le rendre impropre au service militaire devra en faire la déclaration à la mairie de sa commune, en y joignant pour constituer son dossier sanitaire, tous les certificats utiles. Il lui en sera délivré récépissé.

» A défaut de l'inscrit, la même déclaration pourra être faite par ses ascendants, ses parents ou toute autre personne qualifiée.

» Cette déclaration sera, à l'expiration des délais, transmise par le maire à l'autorité compétente, qui la comprendra avec toutes les pièces s'y rapportant, dans le dossier de l'inscrit.

» Si, malgré les infirmités ou maladies invoquées, l'inscrit est déclaré bon pour le service, son dossier sanitaire, constitué, comme il a été dit, devra le suivre après son incorporation, être conservé par le corps auquel il sera affecté et transmis par lui à chaque mutation. »

La Classe 1913

Règles spéciales à la classe de 1913 pour le recrutement et pour le départ.

Loi du 7 août 1913, art. 7. — « La classe 1913 sera incorporée dans la seconde quinzaine de novembre au plus tard. Pour les appelés de cette classe, la durée du service comptera du 1er octobre 1913.

» Les tableaux de recensement de la classe 1913 seront dressés sans délai dans les conditions indiquées par l'article 10 de la loi du 21 mars 1905, modifié par l'article 6 de la présente loi. Ils seront publiés aussitôt et de telle manière que l'unique publication qui en sera faite ait lieu au plus tard le troisième dimanche qui suivra la promulgation de la présente loi.

» Le délai d'un mois prévu à l'article 10 précité est, par exemption, réduit à dix jours.

« Les demandes de sursis d'incorporation prévues à l'article 21 de la loi du 21 mars 1905 devront être adressées aux maires dix jours au moins avant la date fixée pour les opérations des conseils de révision. Elles seront instruites et soumises d'urgence au préfet dans les formes en vigueur. »

ART. 11

Désignation des jeunes gens à porter sur les tableaux de recensement.

Loi du 21 mars 1905. — « Sont portés sur les tableaux de recensement de la classe dont la formation suit l'époque de leur majorité, les jeunes gens qui, en vertu du Code civil et des lois sur la nationalité, sont Français, sauf facilité de répudier la nationalité française au cours de leur vingt-deuxième année, lorsqu'il n'aura pas été renoncé en leur nom et pendant leur minorité, à l'exercice de cette faculté.

Les Naturalisés

ART. 12

Situation et obligations des naturalisés de diverses conditions.

Les individus devenus Français par voie de *naturalisation*, *réintégration* ou *déclaration* faite conformément aux lois, sont portés sur les tableaux de recensement de la première classe formée après leur changement de nationalité.

Les individus inscrits sur les tableaux de recensement en vertu du présent article ou de l'article précédent sont incorporés en même temps que la classe avec laquelle ils ont pris part aux opérations du recrutement. Ils sont tenus d'accomplir le même temps de service actif, sans que toutefois cette obligation ait pour effet de les maintenir sous les drapeaux, en dehors des cas prévus par les articles 34 et 39, au delà de leur vingt-septième année révolue. Ils suivent ensuite le sort de la classe avec laquelle ils ont été incorporés. Toutefois ils sont libérés à titre définitif à l'âge de cinquante ans au plus tard Lorsque l'inscription d'un jeune homme sur les tableaux de recensement a été différée par application de conventions internationales, la durée obligatoire du service actif ne subit aucune réduction, sous la réserve ci-dessus exprimée que ce service ne se prolongera pas au delà de la vingt-septième année révolue.

Loi du 7 août 1913, Art. 8. — « Les individus devenus Français par voie de naturalisation sont portés sur les tableaux de recensement de la première classe formée après leur changement de nationalité.

» Les individus inscrits sur les tableaux de recensement, en application du paragraphe précédent, sont incorporés en même temps que la classe avec laquelle ils ont pris part aux opérations de la revision. Ils sont tenus d'accomplir le même temps de service actif, sans que toutefois cette obligation ait pour effet de les maintenir sous les drapeaux, en dehors des cas prévus par les articles 34 et 39, au delà de leur trente-cinquième année révolue. Ils suivent ensuite le sort de la classe avec laquelle ils ont été incorporés. Toutefois, ils sont libérés, à titre définitif, à l'âge de cinquante ans au plus tard.

» Lorsque l'inscription d'un jeune homme sur les tableaux de recensement a été différée par application de conventions internationales, la durée obligatoire du servie actif ne subit aucune réduction, sous la réserve ci-dessus exprimée, que ce service ne se prolongera pas au-delà de la trente-cinquième année révolue.

» La situation des individus devenus Français par voie de réintégration ou déclaration continue à être réglée par les dispositions de l'article 12 de la loi du 21 mars 1905. »

ART 13

Conditions requises pour l'obtention du domicile pour l'inscription sur les istes du recrutement cantonal.

Sont considérés comme légalement domiciliés dans le canton :

1° Les jeunes gens, même émancipés, engagés, établis au dehors, expatriés, absents ou en état d'emprisonnement, si d'ailleurs leur père ou, en cas de décès ou de déchéance de la puissance paternelle du père, leur mère ou leur tuteur, est domicilié dans une des communes du canton, ou si leur père, expatrié, avait son domicile dans une des dites communes ;

2° Les jeunes gens mariés dont le père,

ou la mère à défaut du père, sont domiciliés dans le canton, à moins qu'ils ne justifient de leur domicile réel dans un autre canton ;

3° Les jeunes gens mariés et domiciliés dans le canton, alors même que leur père et mère n'y seraient pas domiciliés ;

4° Les jeunes gens nés et résidant dans le canton, qui n'auraient ni leur père, ni leur mère, ni leur tuteur ;

5° Les jeunes gens résidant dans le canton qui ne seraient dans aucun des cas précédents et qui ne justifieraient pas de leur inscription dans un autre canton.

Les jeunes gens résidant soit en Algérie, soit aux colonies, soit dans les pays de protectorat, sont inscrits sur les tableaux de recensement du lieu de leur résidence. Sur la justification de cette inscription, ils sont, dans ce cas, rayés des tableaux de recensement où ils auraient pu être portés en France par application des dispositions du présent article.

Art. 14

Jeunes gens à inscrire sur ces tableaux d'après la notoriété publique.

Sont, d'après la notoriété publique, considérés comme ayant l'âge requis pour l'inscription sur les tableaux de recensement, les jeunes gens qui ne peuvent produire ou n'ont pas produit, avant le vérification des tableaux de recensement, un extrait des registres de l'état civil constatant un âge différent ou qui, à défaut des registres de l'état civil, ne peuvent prouver ou n'ont pas prouvé leur âge, conformément à l'article 46 C. civ.

Art. 15

Situation des jeunes gens omis sur les tableaux de recensement.

Si dans les tableaux de recensement des années précédentes des jeunes gens ont été omis, ils sont inscrits sur les tableaux de recensement de la classe qui est appelée après la découverte de l'omission, à moins qu'ils n'aient quarante-neuf ans accomplis à l'époque de la clôture des tableaux, et sont soumis à toutes les obligations qu'ils auraient eu à accomplir s'ils avaient été inscrits en temps utile.

Toutefois, ils sont libérés à titre définitif à l'âge de cinquante ans au plus tard.

CHAPITRE II

Conseil de Révision cantonal

ART. 16

Conseils de révision, leur composition, leur fonctionnement leur rôle.

Le conseil de révision est composé :

Du préfet, président, à son défaut du secrétaire général et, exceptionnellement, du vice-président du Conseil de préfecture ou d'un conseiller de préfecture délégué par le préfet ;

D'un conseiller de préfecture désigné par le préfet ;

D'un membre du conseil général du département autre que le représentant élu dans le canton ou la revision a lieu, désigné par la commission départementale, conformément à l'article 82 de la loi du 10 août 1871 ;

D'un membre du conseil d'arrondissement autre que le représentant élu dans le canton ou la revision a lieu, désigné comme ci-dessus et, dans le territoire de Belfort, d'un deuxième membre du conseil général ;

D'un officier général ou supérieur désigné par l'autorité militaire ;

Un sous-intendant militaire, le commandant de recrutement, un médecin militaire ou, à défaut, un médecin civil désigné par l'autorité militaire, assistent aux opérations du conseil de revision ; le conseil ne peut statuer qu'après avoir entendu l'avis du médecin.

Cet avis est consigné dans une colonne spéciale, en face de chaque nom, sur les tableaux de recensement.

Le sous-intendant militaire est entendu dans l'intérêt de la loi toutes les fois qu'il le demande et peut faire consigner ses observations au procès-verbal de la séance.

Le sous-préfet de l'arrondissement et les maires des communes auxquelles appartiennent les jeunes gens appelés devant le conseil de revision assistent aux séances. Ils ont le droit de présenter des observations.

En cas d'empêchement des membres du conseil général ou du conseil d'arrondissement, le préfet les fait suppléer d'office par des membres appartenant à la même assemblée que l'absent ; ces membres, désignés d'office, ne peuvent être les représentants élus du canton où la revision a lieu.

Si, par suite d'une absence, le conseil de revision est réduit à quatre membres, il peut néanmoins délibérer lorsque le président, l'officier général ou supérieur et deux membres civils restent présents ; la voix du président n'est pas prépondérante. La décision ne peut être prise qu'à la majorité de trois voix. En cas de partage elle est ajournée.

Dans les colonies, les attributions du préfet, des conseillers de préfecture et des conseillers d'arrondissement sont dévolues aux gouverneurs ou à leurs délégués, aux conseillers privés et aux conseillers généraux. Dans les colonies où il n'existe ni conseil privé, ni conseils généraux, des décrets règleront la composition des conseils de revision.

Le conseil de revision juge en séance publique.

A l'ouverture de la séance, les tableaux de recensement de chaque commune sont examinés ; ils sont lus à haute voix. Les jeunes gens, leurs parents ou représentants sont entendus dans leurs observations.

Le conseil de revision statue sur les réclamations présentées ainsi que sur les causes d'exemption prévues par l'art. 18 de la présente loi.

Il examine la situation des omis et prend, à leur égard, l'une des décisions suivantes :

Sont excusés ceux qui, ayant déposé huit jours au moins avant la réunion du conseil, une demande tendant à justifier de leur non inscription sur le tableau de recensement des années précédentes, prouvent que l'omission de leur nom ne peut pas être imputée à leur négligence.

Seront, au contraire, annotés comme devant être incorporés dans les troupes coloniales et pourront être envoyés aux colonies :

1° Les omis condamnés par les tribunaux par application de l'article 79 ci-après ;

2° Ceux dont les excuses n'auront pas été admises.

Dans le cas où une intention frauduleuse aurait été relevée, le conseil renverra ces jeunes gens devant les tribunaux.

ART. 17

Lieux ou doivent siéger les conseils de révision et ou doivent se présenter les jeunes gens ajournés.

Le conseil de révision se transporte dans les divers cantons.

Sauf en cas de mobilisation, il ne peut opérer le même jour que dans un seul canton.

Les jeunes gens portés sur les tableaux de recensement, ainsi que ceux des classes précédentes qui ont été ajournés, conformément à l'article 18 ci-après, sont convoqués, examinés et entendus par le conseil de révision au lieu désigné. Ils peuvent faire connaître l'arme dans laquelle ils désirent être placés.

Situation des jeunes gens ne s'étant pas présentés devant le conseil de révision.

S'ils ne se rendent pas à la convocation, s'ils ne s'y font pas représenter ou s'ils n'ont pas obtenu un délai, il est procédé comme s'ils étaient présents et ils sont considérés comme aptes au service armé.

ART. 18

Classement des jeunes gens par le conseil de révision.

Au point de vue des aptitudes physiques, le conseil de révision classe les jeunes gens présents en quatre catégories :

1° Ceux qui sont reconnus bons pour le service armé ;

2° Ceux qui, étant atteints d'une infirmité relative sans que leur constitution générale soit douteuse, sont reconnus bons pour le service auxiliaire ;

3° Ceux qui, étant d'une constitution physique trop faible, sont ajournés à un nouvel examen ;

4° Ceux chez qui une constitution générale mauvaise ou certaines infirmités déterminent une impotence fonctionnelle partielle ou totale et qui sont exemptés de tout service militaire, soit armé, soit auxiliaire.

Il est délivré aux jeunes gens de ces deux dernières catégories, pour justifier de leur situation, un certificat qu'ils sont tenus de représenter à toute réquisition des autorités militaire, judiciaire ou civile.

Obligations des ajournés.

Loi du 7 août 1913, art. 9. — « Toutefois, les jeunes gens classés dans les 3e et 4e catégories n'y seront définitivement maintenus qu'après avoir été convoqués, examinés et entendus par la commission de réforme, dont la date et le siège leur seront individuellement notifiés.

» S'ils ne se rendent pas à la convocation, s'ils ne s'y font pas représenter ou s'ils n'ont pas obtenu un délai, il est procédé comme s'ils étaient présents, et ils sont considérés comme aptes au service armé.

» Les hommes de la 4e catégorie sont, toutefois, astreints à se présenter et à subir l'examen d'un conseil de révision :

» 1° A la date de leur passage dans la réserve active (vingt-quatre ans ;

» 2° Cinq ans après cette première visite (vingt-neuf ans) ;

» 3° Au moment de leur passage dans l'armée territoriale (trente-cinq ans) ;

» Ceux reconnus, à l'un quelconque de ces examens, aptes au service militaire, sont immédiatement soumis aux obligations de la classe à laquelle ils appartiennent par leur âge.

» L'emploi de chacun est fixé, dans la mesure du possible, suivant ses aptitudes physiques, morphologiques et professionnelles.

» Le recrutement sera organisé de telle sorte que les réservistes soient le plus près possible du centre des unités actives où ils auront fait leur service et qu'ils devront rejoindre au moment de la mobilisation. »

ART. 19

Création en sus des conseils de révision d'une commission médicale militaire.

Loi du 7 août 1913, Art. 10. — « Le fonctionnnement du conseil de revision est modifié de la façon suivante :

» A côté du conseil de revision, fonctionnant après lui, est créée une commission médicale militaire chargée d'examiner les cas douteux reconnus par l'expert médical du conseil de revision.

» Cette commission, réunie au chef-lieu de chaque subdivision de région, sera composée de trois médecins militaires.

» Elle adressera au préfet un rapport sur chacun des hommes examinés.

» Le conseil de revision, dans sa séance finale, statuera sur tous les cas présentés en dehors de la présence des intéressés. Ultérieurement, le préfet communiquera à chacun des hommes examinés la décision prise sur son compte.

» Les jeunes gens reconnus par le conseil de revision d'une constitution physique trop faible peuvent être ajournés jusqu'à l'époque où ils passent dans la réserve de l'armée active.

» A moins d'une autorisation spéciale, ces ajournés sont astreints à repasser la visite devant le conseil de revision du canton qui les a examinés une première fois.

» Les jeunes gens ajournés une première fois, reconnus bons l'année suivante, feront trois ans ; après deux ajournements, les hommes pris par la revision feront deux ans.

» Ceux qui, ayant été ajournés trois fois, sont pris au quatrième examen, sont astreints à un an de service.

» Ceux enfin qui, après avoir été ajournés quatre fois, sont déclarés bons au dernier examen qu'ils doivent subir, sont versés dans la réserve et astreints aux périodes de la classe à laquelle ils appartiennent

» Les jeunes gens dont l'état physique est suffisant pour qu'ils soient versés dans l'armée active, mais qui présentent une tare accidentelle ou congénitale les empêchant de faire du service armé, sont versés dans le service auxiliaire et font trois ans de service.

» Sous aucun prétexte, les hommes reconnus faibles de constitution ne peuvent être versés dans le service auxiliaire.

Situation des jeunes gens ajournés par les conseils de révision.

» Les ajournés sont, après leur libération, astreints aux obligations de leur classe d'origine.

» Les règles applicables aux ajournés le sont également aux jeunes gens réformés temporairement, qu'ils soient appelés ou engagés, qu'ils appartiennent au service armé ou au service auxiliaire, si, le temps de la réforme temporaire écoulé, ils sont reconnus aptes à reprendre du service. Le temps passé dans la position de réforme temporaire compte pour le service actif. »

Art. 20

Situation des frères faisant partie de la même classe ou ayant déjà un frère sous les drapeaux.

En temps de paix, l'un des deux frères inscrits la même année sur les tableaux de recensement, ou faisant partie du même appel, et, en cas de désaccord entre eux, le plus jeune ne sera, sur sa demande, incorporé qu'après l'expiration du temps obligatoire de service de l'autre frère.

Celui qui, au moment des opérations du conseil de revision, aura un frère servant comme appelé, ne sera également incorporé, s'il le demande, qu'après la libération de ce dernier.

Faculté et conditions de renonciation au sursis de l'article 20.

Le jeune soldat qui a obtenu un sursis d'incorporation dans les conditions prévues au présent article a la faculté d'y renoncer ultérieurement. Il en fait la demande écrite au bureau de recrutement de son domicile ; mais son incorporation n'a lieu qu'avec celle de la classe appelée immédiatement après sa renonciation.

Art. 21

Sursis d'incorporation et situation des jeunes gens ayant obtenu un sursis.

En temps de paix, des sursis d'incorporation, renouvelables d'année en année jusqu'à l'âge de 25 ans, peuvent être accordés aux jeunes gens qui en font la demande, qu'ils aient été classés par le conseil de revision dans le service armé ou dans le service auxiliaire.

A cet effet, ils doivent établir que, soit à raison de leur situation de soutien de famille, soit dans l'intérêt de leurs études, soit pour leur apprentissage, soit pour les besoins de l'exploitation agricole, industrielle ou commerciale à laquelle ils se livrent pour leur compte ou pour celui de leurs parents, soit à raison de leur résidence à l'Étranger, il est indispensable qu'ils ne soient pas enlevés immédiatement à leurs travaux.

Loi du 7 août 1913, art. 11. — « Les demandes de sursis adressées aux maires dans les deux mois qui précèdent les opérations du conseil de révision sont instruites par lui ; le Conseil municipal donne son avis motivé. Elles sont envoyées au préfet et transmises par lui avec ses observations, au conseil de révision qui statue. »

Les sursis d'incorporation ne confèrent aucune dispense.

Loi du 7 août 1913, art. 11. — « Les jeunes gens qui ont obtenu, sur leur demande, un ou plusieurs sursis, suivent le sort de leur classe d'origine. »

En cas de guerre, les sursis sont annulés et ces jeunes gens sont appelés avec les hommes de leur classe d'origine.

ART. 22

Droit à un secours pour les familles dont le membre appelé sous les drapeaux était leur soutien indispensable.

Loi du 7 août 1913, art. 12. — « Les familles des militaires de l'armée de terre et de l'armée de mer remplissant effectivement avant leur départ pour le service les devoirs de soutiens indispensables de famille auront droit, sur leur demande, en temps de paix, à une allocation journalière fournie par l'Etat, pendant la présence de ces jeunes gens sous les drapeaux.

» Cette allocation est fixée, par jour, à 1 fr. 25. Elle sera majorée de 0 f. 50 pour chacun des enfants âgés de moins de seize ans à la charge du soutien de famille.

» La même allocation sera due aux familles des militaires qui, pendant leur présence sous les drapeaux, justifieront de leur qualité de soutiens indispensables de famille.

» Les demandes sont adressées par les

familles au maire de la commune de leur domicile. Il en sera donné récépissé. Elles doivent comprendre, à l'appui :

» 1. Le relevé des contributions payées par la famille et certifié par le percepteur ;

» 2. Un état certifié par le maire de la commune et indiquant le nombre et la position des membres de la famille vivant sous le même toit ou séparément, les revenus et ressources de chacun d'eux.

» Le Conseil municipal émet, sur chaque demande, un avis motivé.

» Le dossier ainsi constitué est transmis au préfet qui, dans le mois, provoque une enquête de la gendarmerie sur la situation matérielle de la famille et émet un avis motivé.

» Le dossier ainsi complété reste déposé à la mairie pendant quinze jours. Acte de ce dépôt est notifié au demandeur. Celui-ci peut en prendre connaissance et présenter par écrit ses observations.

» A l'expiration de ce délai de quinzaine, le maire transmet le dossier au conseil composé du juge de paix, président ; du contrôleur des contributions directes et du receveur de l'enregistrement.

» Ce conseil statue sur la demande d'allocation.

» Sa décision doit être motivée ; elle est rendue en séance publique et notifiée dans la huitaine par le greffier, tant au demandeur qu'au préfet du département.

» Dans le mois de cette notification, appel peut être interjeté, tant par le demandeur que par le préfet du département.

» Cet appel est motivé.

» Il est porté devant le tribunal civil de l'arrondissement qui statue en chambre du conseil, sur pièces et sans frais, l'intimé ayant été appelé à fournir une réponse écrite aux motifs invoqués dans l'acte d'appel qui lui aura été notifié.

» Lorsqu'il s'agira de familles résidant à l'étranger et remplissant les conditions du présent article, les demandes d'allocation seront adressées au consul de la ville de leur résidence, qui les instruira et statuera par des décisions motivées communiquées aux intéressés et au ministre des affaires étrangères.

» Un règlement d'administration publique déterminera les conditions d'application et de procédure du présent article. »

ART. 23.

Ecoles spéciales.
Situation des jeunes gens admis dans les écoles.

Loi du 7 août 1903, art. 13. — « Les jeunes gens admis à l'Ecole spéciale militaire, à l'Ecole du service de santé militaire et à l'Ecole du service de santé de la marine entreront directement dans ces écoles pour y faire leurs deux années de service. Ils seront versés chaque année, pendant deux mois, dans un corps de troupe, à la date du 1er août, pour y servir, la première année comme soldats, la deuxième annee comme sous-officiers, et participer aux grandes manœuvres. Ces jeunes gens, en entrant à l'école, devront contracter un engagement de huit années.

» Les jeunes gens admis à l'Ecole polytechnique entreront directement dans cette école pour y faire leurs deux années de service. Ils seront versés chaque année pendant deux mois dans un corps de troupes, à la date du 1er août, pour y servir, la première année comme soldats, la deuxième comme sous-officiers, et participer aux grandes manœuvres.

» Ceux d'entre eux qui ne seront pas classés dans les armées de terre ou de mer feront deux ans de service à leur sortie de l'école comme sous-lieutenants de réserve.

» Les jeunes gens admis à l'Ecole polytechnique, devront contracter lors de leur entrée à l'école un engagement de huit annés au service de l'Etat.

» Les élèves de l'Ecole spéciale militaire, de l'Ecole polytechnique, de l'Ecole du service de santé militaire et de l'Ecole du service de santé de la marine qui n'ont pas satisfait aux examens de sortie, et ceux qui ont quitté l'école pour une cause quelconque, sont incorporés dans un corps de troupe comme soldats ou comme sous-officiers pour y accomplir le complément des trois années de service exigées par la présente loi. Ce complément ne pourra être inférieur à deux ans.

» Dans ce cas, l'engagement qu'ils avaient contracté est annulé. Il l'est également pour les élèves de l'Ecole polytechnique qui, ayant satisfait aux examens de sortie, n'ont été classés dans aucun des services qu'ils avaient demandés.

» Nul ne sera admis à passer le concours d'admission à l'Ecole spéciale militaire et à l'Ecole polytechnique s'il ne justifie avoir fait en France les trois dernières années d'études qui ont précédé le concours.

» Les jeunes gens admis après concours à l'Ecole normale supérieure et à l'Ecole forestière, à l'intérieur desquelles l'instruction militaire est organisée. devront contracter, lors de leur entrée à l'école, un engagement de huit années au service de l'Etat et seront assimiliés aux élèves de l'Ecole polytechnique. Ils seront donc versés, chacune des deux premières années, pendant deux mois, dans un corps de troupe, à la date du 1er août, pour y servir, la première année comme soldats, la deuxième comme sous-officiers, et participer aux grandes manœuvres. Ils feront deux ans de service à leur sortie de l'école comme sous-lieutenants de réserve. »

ART. 24

Conditions de formation des officiers de réserve.

Loi du 7 août 1913, art. 14. — « Chaque année, au bout de six mois de service, entre les soldats incorporés, appelés ou engagés, un concours est ouvert pour l'admission aux écoles militaires d'infanterie et de cavalerie, d'artillerie et du génie et d'administration. Après un an de service à la caserne, les candidats admis entrent aux écoles. La durée des études y est d'un an. A leur sortie, les élèves sont nommés aspirants. Ils accompliront le dernier semestre de leur troisième année de service comme sous-lieutenants de réserve.

» A leur libération, ils sont nommés officiers dans la réserve et doivent conserver leurs fonctions pendant un temps fixé par le ministre de la guerre au moment du concours.

» A l'expiration de ce temps, ils peuvent renoncer à leur grade. Ceux qui le conserveront seront astreints à des priodes fixées par le ministre de la guerre.

» Celui-ci pourra également autoriser chaque année un certain nombre de sous-lieutenants à rester dans l'armée ; ils ne pourront être nommés lieutenants qu'après un séjour dans une école d'application.

» En aucun cas, le nombre des officiers de réserve provenant des sous-officiers de réserve des corps de troupe, ne pourra être inférieur au tiers des vacances annuelles. »

ART. 25

Etudiants en médecine et en pharmacie et Elèves vétérinaires.

Loi du 7 août 1913, art. 15. — « Les docteurs ou les étudiants en médecine ou en pharmacie munis de douze inscriptions qui ont subi avec succès, à la fin de leur première année de service, l'examen de médecin ou de pharmacien auxiliaire, peuvent être nommés à cet emploi et accomplissent leurs deuxième et troisième années de service comme médecins ou pharmaciens auxiliaires.

» Les jeunes gens pourvus du diplôme de vétérinaires civils ou admis en quatrième année qui ont subi avec succès, à la fin de leur première année de service, l'examen de vétérinaire auxiliaire, sont nommés à cet emploi et accomplissent leurs deuxième et troisième années de service comme vétérinaires auxiliaires.

» Les étudiants en médecine, en pharmacie et les élèves vétérinaires pourront être autorisés, après une première année de service, à demander des sursis pour achever leurs études.

» Ils seront ensuite appelés pour terminer leurs deux années de service, qu'ils accompliront comme médecins, pharmaciens ou vétérinaires auxiliaires. S'ils ont leur diplôme de docteur en médecine, de pharmacie ou de vétérinaire, ils pourront accomplir le dernier semestre de leur troisième année de service comme médecin ou pharmacien aide-major de réserve ou aide-vétérinaire.

» Les sursis ne pourront être accordés

à ces étudiants que jusqu'à l'âge de vingt-sept ans révolus. »

ART. 26

Loi du 7 août 1913, article 6. — « Les élèves des écoles normales et les instituteurs seront, pendant leur présence sous les drapeaux, astreints à un séjour minimum de trois mois à l'Ecole normale de gymnastique. »

Ecole normale de gymnastique, séjour obligatoire pour les élèves des écoles normales et les instituteurs.

Loi du 7 août 1913, article 17. — « Les limites d'âge prévues par les lois, décrets et arrêtés pour l'admission aux concours ou emplois de l'Etat, des départements et des communes sont reculées d'un an pour les jeunes gens ayant accompli trois années de service militaire. Elles sont abaissées d'un an par année de service militaire non accomplie. Toute année pendant laquelle il a été fait quatre mois de service compte pour une année de service. »

Modification de la limite d'âge pour l'admission aux fonctions publiques.

ART. 27

Loi du 21 mars 1905. — Sont considérés comme ayant satisfait à l'appel de leur classe :

Jeunes gens considérés comme ayant satisfait à l'appel de leur classe.

1° Les jeunes gens sous les drapeaux en vertu d'un engagement volontaire, ou ayant terminé leur service en vertu d'un engagement volontaire;

2° Les jeunes marins portés sur les registres matricules de l'inscription maritime, conformément aux règles prescrites par la loi sur l'inscription maritime du 24 décembre 1896.

Les jeunes marins qui se font rayer de l'inscription maritime sont tenus d'en faire la déclaration au maire de leur commune dans les deux mois, de retirer une expédition de leur déclaration et de la soumettre au préfet du département, sous les peines portées par l'article 86 ci-après.

Ils sont tenus d'accomplir dans l'armée active le temps de service prescrit par la présente loi; ils suivent ensuite le sort de leur classe d'origine.

Toutefois, le temps déjà passé par eux au service militaire actif de l'Etat est déduit du nombre d'années pendant lesquelles tout Français fait partie de l'armée active.

ART. 28

Solution des difficultés relatives à l'inscription sur les livres de rencensement.

Lorsque les jeunes gens portés sur les tableaux de recensement ont fait des déclarations dont l'admission ou le rejet dépend de la décision à intervenir sur des questions judiciaires relatives à leur état ou à leurs droits civils, le conseil de revision ajourne sa décision ou ne prend qu'une décision conditionnelle.

Les questions sont jugées contradictoirement avec le préfet, à la requête de la partie la plus diligente. Le tribunal civil du lieu du domicile statue sans délai, le ministère public entendu.

Le délai de l'appel et du recours en cassation est de quinze jours francs à partir de la signification de la décision attaquée.

Le recours est, ainsi que l'appel, dispensé de la consignation de l'amende.

L'affaire est portée directement devant la chambre civile.

Les actes faits en exécution du présent acte sont visés pour timbre et enregistrés gratis.

Loi du 7 août 1913, article 48. — « Il en est de même de tous actes, de quelque nature qu'ils soient, faits pour l'exécution de l'article 22. »

Les paragraphes 2, 3, 4, 5 et 6 du présent article sont applicables au cas prévu par l'article 6.

ART. 29

Effets des décisions des conseils de révision et voies de recours contre ces décisions.

Hors les cas prévus par les articles 6 et 28, les décisions du conseil de revision sont définitives. Elles peuvent, néanmoins, être attaquées devant le conseil d'Etat pour incompétence, excès de pouvoir ou violation de la loi.

Le recours au conseil d'Etat n'aura pas d'effet suspensif.

L'appelé pourra toujours réclamer le bénéfice de l'annulation, même si elle est prononcée sur le recours du ministre formé dans l'intérêt de la loi.

Elles peuvent être aussi revisées par les conseils de revision eux-mêmes pour l'un des motifs ci-après : erreur matérielle dans les pièces sur le vu desquelles la décision a été prise ; défaut de justification imputable aux fonctionnaires ou agents, civils ou militaires chargés d'établir les pièces ou de les transmettre.

La demande de revision est examinée dans la session qui suit immédiatement la découverte de l'erreur et, au plus tard, dans celle qui précède le renvoi de la classe avec laquelle l'intéressé a été incorporé.

Elle est introduite par le ministre de la guerre, soit d'office, soit à la requête de l'intéressé.

ART. 30

Composition et arrêté de la liste de recrutement cantonal.

Après que le conseil de revision a statué sur la situation des jeunes gens, ainsi que sur toutes les réclamations auxquelles les opérations peuvent donner lieu, la liste de recrutement cantonal de la classe est définitivement arrêtée et signée par le conseil de revision, ainsi que par les maires des communes intéressées.

Cette liste, divisée en sept parties, comprend :

1. Tous les jeunes gens déclarés propres au service armé, sauf ceux visés au paragraphe 7e ;

2. Les jeunes gens classés dans le service auxiliaire de l'armée, sauf ceux visés au paragraphe 6e ;

3. Les jeunes gens liés au service en vertu d'un engagement volontaire, d'un brevet ou d'une commission et les jeunes marins inscrits ;

4. Les jeunes gens exclus en vertu des dispositions de l'article 4 ;

5. Les jeunes gens qui sont ajournés d'office, conformément au 3° de l'article 18 ;

6. Les jeunes gens qui, classés dans le service auxiliaire, ont obtenu, sur leur demande, un ajournement, conformément au quatrième alinéa de l'article 19 ;

7. Les jeunes gens qui ont obtenu un sursis, conformément aux articles 20 et 21.

CHAPITRE II

Du Registre matricule

ART. 31

Registre matricule obligatoire pour chaque subdivision de région.

Il est tenu, par subdivision de région, un registre matricule sur lequel sont portés tous les jeunes gens inscrits sur les listes du recrutement cantonal.

Ce registre mentionne l'incorporation de chaque homme inscrit ou la position dans laquelle il est laissé et, successivement, tous les changements qui peuvent survenir dans sa situation jusqu'à sa libération définitive.

Tout homme inscrit sur le registre matricule reçoit un livret individuel qu'il est tenu de représenter à toute réquisition des autorités militaire, judiciaire ou civile.

En cas d'appel à l'activité ou de convocation pour des manœuvres, exercices ou revues, la représentation du livret individuel doit avoir lieu dans les vingt-quatre heures de la réquisition.

En tout autre cas, le délai est de huit jours.

TITRE III

DU SERVICE MILITAIRE

CHAPITRE PREMIER

Bases du Service

ART. 32

Tout homme reconnu propre au service militaire.

Loi du 7 août 1913, article 18. — « Tous les hommes reconnus aptes au service militaire sont tenus d'accomplir effectivement la même durée de service.

» Tout Français reconnu propre au service militaire fait partie successivement :

» De l'armée active pendant trois ans ;

» De la réserve de l'armée active pendant onze ans ;

» De l'armée territoriale pendant sept ans ;

» De la réserve de l'armée territoriale pendant sept ans.

» Le service militaire est réglé par classe. L'armée active comprend, indépendamment des hommes qui ne proviennent pas des appelés, tous les jeunes gens déclarés propres au service militaire armé et auxiliaire et faisant partie des trois derniers contingents incorporés. »

Phases diverses des obligations du service militaire.

Art. 33

Points de départ du service militaire pour les appelés et pour les engagés et situations diverses du militaire.

La durée du service compte du 1er octobre de l'année de l'inscription sur les tableaux de recensement, et l'incorporation du contingent doit avoir lieu, au plus tard, le dix octobre de la même année.

Pour les jeunes gens dont l'incorporation a été retardée en vertu des articles 20 et 21, la durée du service compte du premier octobre de l'année de leur incorporation.

Pour les engagés volontaires, elle compte du jour de leur engagement, et pour les hommes visés à l'article 5 du jour de leur incorporation.

En temps de paix, chaque année, au trente septembre, les militaires qui ont accompli le temps de service prescrit :

1° Soit dans l'armée active ;

2° Soit dans la réserve de l'armée active ;

3° Soit dans l'armée territoriale ;

4° Soit dans la réserve de l'armée territoriale ;

Sont envoyés respectivement :

1° Dans la réserve de l'armée active ;

2° Dans l'armée territoriale ;

3° Dans la réserve de l'armée territoriale ;

4° Dans leurs foyers, comme libérés à titre définitif.

Mention de ces divers passages et de la libération est faite sur le livret individuel.

Après les grandes manœuvres, la totalité de la classe dont le service actif expire le trente septembre suivant peut être renvoyée dans ses foyers, en attendant son passage dans la réserve.

Loi du 7 août 1913, art. 11. — « Dans le cas où les circonstances paraîtront l'exiger, le ministre de la guerre et le ministre de la marine sont autorisés à conserver temporairement sous les drapeaux la classe qui a terminé sa troisième année de service. Notification de cette décision sera faite aux Chambres le plus tôt possible. »

Dans les mêmes circonstances et pendant la première année de leur service dans la réserve, les hommes peuvent être rappelés sous les drapeaux par ordres individuels avec l'assentiment du conseil des ministres.

En temps de guerre, les passages et la libération n'ont lieu qu'après l'arrivée de la classe destinée à remplacer celle à laquelle les militaires appartiennent. Cette disposition est exceptionnellement applicable, dès le temps de paix, aux hommes servant aux colonies.

Les militaires faisant partie de corps mobilisés peuvent y être maintenus jusqu'à la cessation des hostilités, quelle que soit la classe à laquelle ils appartiennent.

En temps de guerre, le ministre peut appeler par anticipation la classe qui ne serait appelée que le 1er octobre suivant.

Art. 34

Nom précomptement pour le service militaire du temps passé à subir une peine d'emprisonnement prononcée par jugement.

Ne compte pas pour les années exigées par la présente loi dans l'armée active, la réserve de l'armée active et l'armée territoriale, le temps pendant lequel un militaire de l'armée active, un réserviste ou un homme de l'armée territoriale a subi la peine de l'emprisonnement en vertu d'un jugement, si cette peine a eu pour effet de l'empêcher d'accomplir, au moment fixé, tout ou partie des obligations d'activité qui lui sont imposées par la présente loi ou par les engagements qu'il a souscrits.

Ces individus seront tenus de remplir leurs obligations d'activité, soit à l'expiration de leur peine s'ils appartiennent à l'armée active, soit au moment de l'appel qui suit leur élargissement s'ils font partie de la réserve de l'active ou de l'armée territoriale.

Toutefois, quelles que soient les déductions de service ainsi opérées, les hommes qui en sont l'objet sont rayés des contrôles en même temps que la classe à laquelle ils appartiennent.

CHAPITRE II

Du Service dans l'Armée active

Art. 35

Formation du contingent annuel.

Le contingent à incorporer est formé par les jeunes gens inscrits dans la première et la seconde partie des listes de recrutement cantonal et par ceux dont l'incorporation ayant été retardée en vertu des articles 19, 20 et 21, doit avoir lieu dans l'année.

Il comprend, en outre, les engagés des articles 23 et 26 et les jeunes gens qui ont été autorisés à contracter l'engagement spécial dit de devancement d'appel prévu à la fin de l'article 50.

Il est mis, à dater du 1er octobre, à la disposition du ministre de la guerre, qui arrête la répartition :

Interdiction absolue des affectations spéciales.

Loi du 7 août 1913, art. 20. — « Les jeunes gens appelés sous les drapeaux pour y accomplir la durée légale du service sont classés dans les différents corps de troupe suivant les règles fixées par le ministre de la guerre pour l'incorporation annuelle du contingent. Aucun d'eux ne peut être l'objet d'une affectation spéciale qui ne serait pas conforme à ces règles.

Art. 36

Sont affectés à l'armée de mer :

Armée de mer.

Jeunes gens pouvant y être affectés.

1. Les hommes fournis par l'inscription maritime ;

2. Les hommes qui ont été admis à s'engager ou à contracter un rengagement

dans les équipages de la flotte, suivant les conditions spéciales de l'armée de mer ;

3. Les jeunes gens qui, au moment du conseil de revision, auront demandé à entrer dans les équipages de la flotte et ont été reconnus aptes à ce service ;

4. En cas d'insuffisance des trois modes de recrutement ci-dessus indiqués, les hommes du contingent dont le ministre de la marine pourra demander l'affectation aux équipages de la flotte pour les services à terre dans les conditions déterminées par une loi spéciale.

ART. 37

Troupes coloniales. Jeunes gens pouvant y être affectés.

Sont affectés aux troupes coloniales :

1. Les jeunes gens provenant des contingents des colonies de la Guadeloupe, la Martinique, la Guyane et la Réunion, et les Français astreints au service militaire dans les colonies et pays de protectorat visés à l'article 90 ;

2. Les hommes qui ont été admis à s'engager ou à contracter un rengagement dans lesdites troupes suivant les conditions spéciales déterminées aux articles 50 à 56 ci-après ;

3. Les jeunes gens qui, au moment des opérations du conseil de revision, auront demandé à entrer dans les troupes coloniales et auront été reconnus propres à ce service ;

4. Les omis visés à l'avant-dernier alinéa de l'article 16 ci-dessus ;

5. A défaut d'un nombre suffisant d'hommes compris dans les catégories précédentes, les jeunes gens du contingent métropolitain qui auront été affectés par le recrutement aux troupes coloniales, mais sans que ces jeunes gens puissent être envoyés aux colonies sans leur consentement.

ART. 38

Congés, durée et époques.

Loi du 7 août 1913, art. 21. — « Les militaires engagés ou appelés sous les drapeaux au titre des contingents annuels, accomplissant la durée légale du service, pourront, en dehors des dimanches et jours fériés, obtenir des congés ou permissions jusqu'à concurrence d'un total de cent vingt jours, au cours de leurs trois années de service. En dehors des périodes de fêtes légales, le nombre des hommes simultanément absents ne dépassera pas, dans chaque unité, 10 % de l'effectif fixé par la loi des cadres des différentes armes ou services.

» Toutefois, à deux périodes dans l'année fixées par l'autorité militaire, mais qui ne pourront pas au total excéder deux mois, le pourcentage pourra être de 20 %.

» Les hommes exerçant la profession d'agriculteur pourront, de préférence aux autres, obtenir leurs permissions au moment des travaux des champs, en une ou deux périodes.

» La qualité d'agriculteur sera reconnue, pour les appelés au moment de leur passage devant le conseil de revision, pour les engagés volontaires par le bureau de recrutement, après enquête de la gendarmerie.

» Les périodes de travaux agricoles seront déterminées annuellement par les conseils généraux, dans leur session d'avril ou, à leur défaut, par les commissions départementales. Ces décisions seront notifiées par les soins des préfets à l'autorité militaire, qui en tiendra compte pour accorder les permissions agricoles.

» Les autorités militaires tiendront compte également de ces décisions pour fixer l'époque de convocation des réservistes agriculteurs dans les conditions compatibles avec les intérêts du service.

» Ces congés ou permissions ne pourront être supprimés qu'en cas de punition grave.

» Les militaires incorporés en Corse, en Algérie ou aux colonies, titulaires de permissions, bénéficieront de la réduction du quart de place pour leur transport sur les bateaux des compagnies de navigation.

» Les militaires servant aux colonies ou dans les pays de protectorat, auxquels les nécessités de service ou le défaut de ressources n'auront pas permis de profiter de tout ou partie de ces cent vingt jours de permission, pourront en bénéficier en une seule fois, immédiatement avant leur libération. »

ART. 39

Obligation pour les soldats de rester au corps pendant un nombre de jours égal à ceux passés en prison ou en cellule, pour des punitions supérieures à huit jours.

Les militaires qui, pendant la durée de leur service, auront subi des punitions de prison ou de cellule, d'une durée de huit jours, seront maintenus au corps après la libération de leur classe ou l'expiration de leur engagement pendant un nombre de jours égal au nombre de journées de prison ou de cellule qu'ils auront subies, déductions faites des punitions n'excédant pas huit jours.

Cette disposition ne sera pas applicable aux militaires qui, au moment de la libération de leur classe ou de l'expiration de leur rengagement, seraient en possession du grade de sous-officier ou de celui de caporal ou de brigadier, ou qui seraient soldats de première classe, si les punitions ont été encourues par eux antérieurement à leur nomination.

Loi du 7 août 1913: art. 22. — « Néanmoins, ceux des militaires dont la conduite aura été satisfaisante depuis leurs punitions pourront bénéficier d'une réduction partielle ou même totale après comparution devant un conseil de discipline régimentaire dont la composition sera réglée par décret. »

CHAPITRE III

Du service dans les réserves.

ART. 40

Obligations des hommes de la réserve de l'armée active, de l'armée territoriale et de la réserve de l'armée territoriale en cas de mobilisation de rappel de leur classe ou de convocation pour exercices ou manœuvres.

Les hommes envoyés dans la réserve de l'armée active, dans l'armée territoriale ou dans la réserve de la dite armée sont affectés aux divers corps de troupe et services de l'armée active ou de l'armée territoriale.

Ils sont tenus de rejoindre leur corps en cas de mobilisation, de rappel de leur classe ordonné par décret et de convocation pour des manœuvres et exercices.

A l'étranger, les ordres de mobilisation, de rappel ou de convocation sont transmis par les soins des agents consulaires de France.

Le rappel de la réserve de l'armée active peut être fait d'une manière distincte et indépendante pour les troupes métropolitaines, pour les troupes coloniales ou pour l'armée de mer. Il peut être fait pour un, plusieurs ou tous les corps d'armée, pour un ou plusieurs cantons, et, s'il y a lieu, distinctement par arme ou par subdivision d'arme. Il a lieu par classe, en commençant par la moins ancienne.

Convocation dans des cas particuliers.

En cas d'agression ou menace d'agression, caractérisée par le rassemblement de forces étrangères en armes, le rappel à l'activité peut être ordonné, par arme ou par subdivision d'arme, pour une, plusieurs ou totalité des classes, dans une zone déterminée autour des places fortes et des ouvrages fortifiés et sur le territoire des îles.

Les mêmes dispositions sont applicables à l'armée territoriale et à la réserve de l'armée territoriale. Toutefois, afin de limiter le rappel des hommes appartenant à la réserve de l'armée territoriale au nombre nécessité par certains besoins spéciaux temporaires ou locaux, ces rappels pourront toujours s'effectuer par fraction de classe et sans commencer obligatoirement par la classe la moins ancienne.

En cas de mobilisation, les militaires de la réserve domiciliés dans la région et, en cas d'insuffisance, les militaires de la réserve domiciliés dans d'autres régions, complètent les effectifs des divers corps de troupe et des divers services qui entrent dans la composition de chaque corps d'armée.

Les corps de troupe et services qui n'entrent pas dans la composition des corps d'armée sont complétés avec des militaires de la réserve pris sur l'ensemble du territoire.

Mention du corps d'affectation est portée sur le livret individuel.

ART. 41

Périodes d'exercices obligatoires pour les hommes de la réserve de l'armée active et pour les hommes de l'armée territoriale.

Loi du 14 avril 1908; article premier. — « Les hommes de la réserve de l'armée active sont assujettis, pendant leur temps de service dans ladite réserve, à prendre part à deux périodes d'exercices : la première d'une durée de vingt-trois jours, la seconde d'une durée de dix-sept jours.

» Les hommes de l'armée territoriale sont assujettis à une période d'exercice d'une durée de neuf jours.

Règlement de l'emploi du temps pendant ces périodes.

» L'emploi du temps pour les périodes de la réserve et de l'armée territoriale sera réglé par les soins des chefs de corps. Un compte-rendu de cet emploi du temps sera envoyé annuellement au ministère de la guerre, qui adressera également chaque année, au président de la République, un rapport sur les exercices des réservistes et des territoriaux, sur les effectifs convoqués pour les manœuvres d'automne et ceux qui y auront pris part. Ce rapport sera inséré au *Journal officiel.*

» Ces dispositions sont applicables dès l'année 1908, sauf en ce qui concerne les hommes des classes 1901, 1902, 1903, 1904, ayant fait moins de deux ans de services, pour que la durée de la première convocation restera fixée à quatre semaines. Ceux qui auront été libérés du service actif avant le 1er janvier 1908 accompliront cette période en 1908.

« Les anciens bénéficiaires de l'article 23 de la loi du 15 juillet 1889, qui ont déjà accompli la période spéciale aux dispensés de cet article, ne seront appelés que pour des périodes de vingt-trois jours.

Dispenses diverses pour l'accomplissement de ces périodes.

« Seront dispensés de ces exercices et manœuvres, les hommes appartenant à l'armée territoriale qui, au moment de l'appel de leur classe pour une période d'instruction, seront inscrits depuis au moins cinq ans sur les contrôles des corps de sapeurs-pompiers régulièrement organisés.

« Peuvent être dispensés de ces manœuvres ou exercices, sur l'avis du consul de France, les jeunes gens qui ont établi leur résidence à l'étranger, hors d'Europe, et qui y occupent une situation régulière.

Secours aux familles dont le soutien est appelé sous les drapeaux pour accomplir une période.

« Les familles des hommes de la réserve et de l'armée territoriale qui, au moment de leur convocation, remplissent effectivement les devoirs de soutien indispensable de famille peuvent recevoir une allocation journalière fournie par l'Etat pendant la durée de la période. Cette allocation, qui est fixée à soixante-quinze centimes, sera majorée de vingt-cinq centimes pour chaque enfant de seize ans à la charge de l'homme convoqué.

« En vue d'obtenir cette allocation, l'homme appelé à accomplir une période devra adresser au maire de la commune où il réside une demande dont il lui sera donné récépissé. Cette demande comprendra à l'appui :

« 1° Un relevé des contributions payées par le réclamant ou ses ascendants certifié par le percepteur ;

« 2° Un état certifié par le maire de la commune indiquant le nombre et la position des membres de la famille vivant sous le même toit ou séparément, le revenu et les ressources de chacun d'eux.

« Les listes et les dossiers des demandes annotés sont envoyés par le maire au préfet.

« Il est statué sur ces demandes par le conseil spécial institué à l'article 22. Ce conseil se réunira sur la convocation du préfet.

« Les allocations ci-dessus prévues peuvent être accordées jusqu'à concurrence de douze pour cent du nombre des hommes appelés momentanément sous les drapeaux.

« Les hommes de la réserve de l'armée territoriale peuvent être soumis, pendant leur temps de service dans ladite réserve, à une revue d'appel pour laquelle la durée du déplacement imposé n'excèdera pas une journée.

Loi du 7 août 1913, article 23. — « La décision ministérielle qui prescrit cette revue doit être motivée et spéciale aux unités ou fractions d'unités qu'il est utile de convoquer. »

Périodes et exercices accidentels pour les hommes de la réserve de l'armée territoriale.

Les hommes de la réserve de l'armée territoriale qui, en temps de guerre, sont affectés à la garde des voies de communication et des points importants du littoral, ou employés comme auxiliaires d'artillerie dans les places fortes et dans les ouvrages fortifiés du littoral, peuvent être, en temps de paix, astreints à des exercices spéciaux, dont la durée totale pendant les années passées dans la réserve de l'armée territoriale n'excède pas sept jours. Peuvent être dispensés des manœuvres, exercices ou revues d'appel, les hommes qui ont été classés dans le service auxiliaire.

Les militaires de la réserve, de l'armée territoriale et de la réserve de l'armée territoriale, convoqués à une manœuvre, à une période d'exercices ou à un exercice spécial, ne peuvent obtenir aucun ajournement, sauf en cas de force majeure dûment justifié ; les bénéficiaires d'ajournement seront rappelés pour une période similaire, soit l'année suivante, soit deux ans après.

En aucun cas, l'ajournement ne peut être accordé deux fois de suite pour la même période d'instruction.

Droit de retenir dans certains cas les hommes appelés.

Dans le cas où les circonstances paraîtraient l'exiger, les ministres de la guerre et de la marine sont autorisés à conserver provisoirement sous les drapeaux, au-delà de la période réglementaire, les hommes appelés à un titre quelconque pour accomplir une période d'exercices. Notification de cette décision sera faite aux Chambres dans le plus bref délai possible.

Situation de ces hommes incorporés dans les bataillons d'infanterie légère d'Afrique.

Loi du 11 avril 1910, art. 4. — « Les hommes désignés dans l'article 5 comme devant être incorporés dans les bataillons d'infanterie légère d'Afrique et qui n'auront point été jugés dignes d'être envoyés dans d'autres corps, au moment où ils seront libérés du service actif, resteront affectés, lors de leur passage dans les réserves, aux bataillons d'infanterie légère d'Afrique. En temps de paix, ils accompliront leurs périodes d'exercices dans les unités désignées par le ministre de la guerre.

» Les dispositions du dernier paragraphe seront applicables aux hommes qui, après avoir quitté l'armée active, ont encouru les condamnations spécifiées à l'article 5, sauf décision contraire du ministre de la guerre.

après enquête sur leur conduite depuis leur sortie de prison. »

Loi du 7 août 1913, art. 24. — « Indépendamment de la période d'instruction à laquelle ils sont astreints tous les deux ans, les officiers de complément peuvent accomplir chacune des autres années une période de quinze jours avec solde. »

Art. 42

Obligations en cas de mobilisation, faculté pour les mobilisés occupant certains emplois, de ne pas rejoindre immédiatement.

En cas de mobilisation, nul ne peut se prévalor de la fonction ou de l'emploi qu'il occupe pour se soustraire aux obligations de la classe à laquelle il appartient.

Sont autorisés à ne pas rejoindre immédiatement, dans le cas de convocation par voie d'affiches et de publication sur la voie publique, les titulaires des fonctions et emplois désignés aux tableaux A, B et C annexés à la présente loi, sous la condition qu'ils occupent ces fonctions ou emplois depuis six mois au moins.

Peuvent être autorisés, à titre exceptionnel, à ne rejoindre leur corps d'affectation que dans un délai déterminé par le ministre de la guerre, les hommes des différentes catégories de réserves employés en temps de paix à certains services ou dans des établissements, usines, exploitations, houillères, fabriques, etc., dont le bon fonctionnement est indispensable aux besoins de l'armée.

Les fonctionnaires et agents portés au tableau A, qui ne relèvent pas déjà des ministres de la guerre ou de la marine, sont mis à la disposition de ces ministres et attendent leurs ordres dans leur situation respective.

Les fonctionnaires et agents du tableau B, qui ne comptent plus dans la réserve de l'armée active, et les fonctionnaires et agents du tableau C, même appartenant à la réserve de l'armée active, ne rejoignent leurs corps que sur ordres spéciaux.

Les hommes autorisés à ne pas rejoindre immédiatement sont, dès la publication de l'ordre de mobilisation, soumis à la juridiction des tribunaux militaires, par application de l'art. 57 du code de justice militaire.

ART. 43

Assimilation, en cas de mobilisation, des hommes de la réserve et des hommes de l'armée territoriale aux hommes de l'armée active.

Les hommes de la réserve et de l'armée territoriale appelés en cas de mobilisation ou convoqués pour des exercices, manœuvres ou revues sont considérés sous tous les rapports comme des militaires de l'armée active et soumis dès lors à toutes les obligations imposées par les lois et règlements en vigueur.

ART. 44

Obligations et devoirs des hommes de la réserve et de l'armée territoriale en tenue militaire, même non présents sous les drapeaux.

Lorsque les hommes de la réserve et de l'armée territoriale, même non présents sous les drapeaux, sont revêtus de la tenue militaire, ils doivent à tout supérieur hiérarchique en uniforme les marques extérieures du respect prescrites par les règlements militaires et seront, comme des militaires en congé, passibles des peines disciplinaires.

ART. 45

Obligations des hommes portés sur le registre matricule au cas où ils se déplacent.

Tout homme inscrit sur le registre matricule est astreint, s'il se déplace, aux obligations suivantes :

1° S'il se déplace pour changer de domicile ou de résidence, il fait viser dans le délai d'un mois son livret individuel par la gendarmerie dont relève la localité où il transporte son domicile ou sa résidence;

2° S'ils se déplace pour voyager pendant plus de deux mois, il fait viser son livret avant son départ par la gendarmerie de sa résidence habituelle (d'après une disposition récente (1913), les visas ci-dessus peuvent être effectués aussi par les maires dans les communes de *plus* de 5,000 habitants) ;

3° S'il va se fixer en pays étranger, il fait de même viser son livret avant son départ et doit, en outre, dès son arrivée, prévenir l'agent consulaire de France le plus voisin, qui lui donne récépissé de sa déclaration et envoie copie de celle-ci dans les huit jours au ministre de la guerre.

A l'étranger, s'il se déplace pour changer de résidence, il en prévient, au départ et à l'arrivée, l'agent consulaire de France, qui en informe le ministre de la guerre.

Lorsqu'il rentre en France, il se conforme aux prescriptions du paragraphe 1er du présent article.

ART. 46

Délai supplémentaire en cas de mobilisation pour les hommes en déplacement qui se sont conformés aux prescriptions de l'article 45.

Les hommes qui se sont conformés aux prescriptions de l'article précédent ont droit, en cas de mobilisation ou de rappel de leur classe, à des délais supplémentaires pour rejoindre, calculés d'après la distance à parcourir.

Ceux qui ne s'y sont pas conformés sont considérés comme n'ayant pas changé de domicile ou de résidence.

ART. 47

Juridiction à laquelle appartient la connaissance des crimes et des délits du tableau D, du code de justice militaire commis moins de six mois après leur renvoi dans les foyers, par les hommes de la réserve de l'armée active de l'armée territoriale ou de sa réserve.

Peines par eux encourues.

Les hommes de la réserve de l'armée active, de l'armée territoriale ou de sa réserve sont, en temps de paix, justiciables des tribunaux ordinaires et passibles des peines édictées par le code de justice militaire lorsque, ayant été renvoyés dans leurs foyers depuis moins de six mois, ils commettent l'un des crimes ou délits prévus et punis par les articles dudit code énumérés au tableau D annexé à la présente loi.

L'application de ces articles est faite aux inculpés sous la réserve des dispositions spéciales indiquées au dit tableau.

ART. 48

Conditions de mariage des hommes de la réserve de l'armée active et des hommes en congé des articles 90 et 91.

Les hommes de la réserve de l'armée active ainsi que les hommes envoyés en congé par application des art. 90 et 91 peuvent se marier sans autorisation. Ils restent soumis néanmoins à toutes les obligations de service imposées à leur classe.

Les réservistes qui sont pères de quatre enfants vivants passent de droit et définitivement dans l'armée territoriale.

Les pères de six enfants vivants passent de droit dans la réserve de l'armée territoriale.

ART. 49

Versement dans les services auxiliaires des hommes de l'active ou de l'armée territoriale, ayant cessé d'être aptes au service armé.

Tout militaire appartenant à l'armée active, à la réserve ou à l'armée territoriale, qui cessera d'être apte au service armé, pourra, sur l'avis des commissions de réforme, être versé dans le service auxiliaire.

TITRE IV

DES ENGAGEMENTS VOLONTAIRES, DES RENGAGEMENTS ET DES COMMISSIONS

CHAPITRE 1er

Des Engagements volontaires

ART. 50

Tout Français ou naturalisé Français, comme il est dit aux art. 11 et 12 de la présente loi, ainsi que les jeunes gens qui doivent être inscrits sur les tableaux de recensement ou qui sont autorisés par les lois à servir dans l'armée française, peuvent être admis à contracter un engagement volontaire dans l'armée active aux conditions suivantes.

L'engagé volontaire doit :

1° S'il entre dans les troupes métropolitaines, avoir dix-huit ans accomplis.

S'il entre dans les troupes coloniales, avoir dix-huit ans accomplis et contracter un engagement de durée telle qu'il puisse séjourner deux années aux colonies à partir du moment où il aura atteint vingt et un ans.

Cette dernière condition ne s'applique pas aux jeunes gens résidant aux colonies ou dans les pays de protectorat, si les troupes coloniales où ils s'engagent sont stationnées dans leur colonie ou pays de protectorat ;

2° N'être ni marié ni veuf avec enfants ;

3° *Loi du 11 avril 1910, art. 5.* — « N'avoir encouru aucune des condamnations tombant sous le coup de l'art. 5 de la présente loi. Toutefois, les hommes incorporés dans les bataillons d'Afrique pourront contracter des rengagements renouvelables d'un an dans les conditions de la présente loi. »

4° Jouir de ses droits civils ;

5° Etre de bonnes vie et mœurs ;

6° S'il a moins de vingt ans, être pourvu du consentement de ses père, mère ou tuteur ; ce dernier doit être autorisé par une délibération du conseil de famille.

En cas de divorce ou de séparation de corps, le consentement de celui des époux auquel la garde de l'enfant aura été confiée sera nécessaire et suffisant.

Le consentement du directeur de l'Assistance publique dans le département de la Seine et du préfet dans les autres départements est nécessaire et suffisant pour les enfants désignés au paragraphe 3 de l'art. 2 de la loi du 27 juin 1904.

L'engagé volontaire est tenu, pour justifier des conditions prescrites aux paragraphes 3°, 4° et 5° ci-dessus, de produire un extrait de son casier judiciaire et un certificat délivré par le maire de son dernier domicile.

S'il ne compte pas au moins une année de séjour dans cette commune, il doit également produire un autre certificat du maire de la commune où il était antérieurement domicilié.

Le certificat doit contenir le signalement du jeune homme qui veut s'engager et mentionner la durée du temps pendant lequel il a été domicilié dans la commune.

Les hommes exemptés ou classés dans le service auxiliaire peuvent, jusqu'à l'âge de trente-deux ans accomplis, être admis à contracter des engagements volontaires s'ils réunissent les conditions d'aptitude physique exigées.

Les conditions relatives soit à l'aptitude physique et à l'admissibilité dans les différents corps de l'armée, soit aux époques de l'année où les engagements peuvent être contractés, soit au nombre maximum d'engagements à recevoir chaque année dans les différents corps de troupe, sont déterminées par décrets insérés au *Bulletin des Lois.*

Il ne pourra être reçu d'engagements volontaires que pour les troupes coloniales, pour les corps d'infanterie, de cavalerie, d'artillerie, du génie et pour le train des équipages militaires.

Engagements. Conditions, durée, faculté spéciale.

Loi du 7 août 1913; art. 25. — « Tous les ans, les jeunes gens d'au moins 18 ans, remplissant les conditions d'aptitude physique et pourvus du certitcat d'aptitude militaire institué par la loi du 8 avril 1905, seront admis à contracter, au moment de l'incorporation de la classe, dans le corps de leur choix et jusqu'à concurrence du nombre fixé par le ministre pour chaque corps, un engagement spécial de trois ans, dit de devancement d'appel.

» Les jeunes gens d'au moins 19 ans, non pourvus du certificat d'aptitude militaire et réunissant les conditions fixées par la loi de recrutement, pourront être admis à contracter, dans les troupes métropolitaines, des engagements de trois ans.

» Le ministre de la guerre déterminera les corps dans lesquels seront admis les engagés de chaque subdivision de région, les époques auxquelles ces engagements seront souscrits, ainsi que leur nombre pour chaque corps.

» Les deux dispositions énoncées ci-dessus prendront fin trois ans après la promulgation de la présente loi, si l'éducation militaire de la jeunesse n'a pas été organisée par une loi dans l'ensemble du pays.

Engagements spéciaux pour les jeunes gens désireux d'aller se fixer en Algérie ou dans une colonie française.

» Les jeunes gens âgés d'au moins 18 ans, qui sont désireux d'aller se fixer, à l'expiration de leur service militaire, soit en Algérie, soit dans une colonie française, soit dans les pays de protectorat, soit à l'étranger, hors d'Europe et des pays limitrophes de la Méditerranée, sont admis, s'ils remplissent les conditions prévues à l'article 50 de la loi du 21 mars 1905 à contracter, au moment de l'incorporation de la classe, un engagement spécial de trois ans six mois, dit de devancement d'appel, pour résidence dans une colonie française ou à l'étranger, hors d'Europe. Ils auront la faculté d'être mis en congé à l'expiration de leur troisième année de service, s'ils ont obtenu un certificat de bonne conduite. Dans les six mois qui suivent leur libération, ces jeunes gens devront se rendre en Algérie, dans une colonie française, dans un pays de protectorat ou à l'étranger, hors d'Europe et des pays limitrophes de la Méditerranée, et faire certifier chaque année, pendant cinq années consécutives, leur présence dans les pays d'outre-mer par le gouverneur de la colonie ou l'agent diplomatique français, suivant le cas.

» Les jeunes gens visés à l'alinéa précédent, qui, dans les six mois qui suivront leur libération, n'auront pas justifié de leur établissement effectif d'outre-mer, ceux qui, au cours de leur délai quinquennal, séjourneront plus de trois mois en France dans le courant de la même année, et ceux qui rentreront en France définitivement avant l'expiration du dit délai quinquennal, seront tenus d'accomplir six mois de service supplémentaires.

» Les même facilités d'engagement par devancement d'appel sont accordées aux jeunes gens nés ou déjà fixés à l'étranger.

» Les certificats prévus n'ont, en ce cas, qu'à être envoyés pendant un nombre d'années suffisant à parfaire une période quinquennale de résidence fixe à l'étranger, en tenant compte du nombre des années qu'ils y auraient passées antérieurement à leur engagement.

» L'affectation aux divers corps de troupe de jeunes gens admis à contracter un engagement dit de devancement d'appel, sera faite par les bureaux de recrutement. »

Engagements spéciaux prévus par l'article 26 de la loi du 7 août 1913.

Loi du 7 août 1913, art. 26. — « Les jeunes gens réunissant les conditions prévues à l'article 50 ci-dessus, peuvent contracter, pour les troupes métropolitaines, des engagements de quatre et cinq ans, et pour les troupes coloniales, ainsi que pour certains corps métropolitains d'Afrique désignés par le ministre de la guerre, des engagements de trois, quatre et cinq ans, sous réserve toutefois, pour les troupes coloniales, de la restriction imposée par le paragraphe premier de l'article 50.

» Le service militaire compte, pour les engagés, du jour de la signature de l'acte d'engagement. Ils passent dans la réserve a l'expiration de leur service actif et suivent ensuite le sort de la classe incorporée dans l'année de leur engagement.

» Les jeunes gens qui contractent un engagement volontaire de quatre ou cinq ans ont le droit de choisir leur arme et leur corps, sous réserve des conditions d'aptitude physique exigée pour cette arme. Ces engagements de quatre ou cinq ans sont admis à des dates fixées par le ministre de la guerre. »

ART. 52

Engagements en cas de guerre des français valides et libérés du service militaire pour la durée de la guerre.

En cas de guerre, tout Français ayant accompli le temps de service prescrit pour l'armée active, la réserve de ladite armée et l'armée territoriale, est admis a contracter, dans un corps de son choix, un engagement pour la durée de la guerre.

Cette faculté cesse pour les hommes de la réserve de l'armée territoriale lorsque leur classe est appelée à l'activité.

Faculté pour le ministre d'accepter pour la même durée, les engagements des jeunes gens de 17 ans précomptement à leur profit du temps par eux passé à la guerre, sur leur temps légal de service.

En cas de guerre continentale, le ministre de la guerre peut être autorisé, par décret du président de la République, à accepter comme engagés volontaires, pour la durée de la guerre, les jeunes gens ayant 17 ans; il fixe les conditions suivant lesquelles ces engagements peuvent être reçus.

Loi du 7 août 1913, art. 27. — « Le temps ainsi passé sous les drapeaux sera, pour ces engagés, déduit des trois années de service actif. »

ART. 53

Formes des engagements. Durée. Obligation des Maires ayant reçu un engagement.

Les engagements volontaires sont contractés dans les formes prescrites par les articles 34, 35, 36, 37, 38, 39, 40, 42 et 44, C. civ., devant les maires des chefs-lieux de canton en France, devant les officiers de l'état civil désignés par décret en Algérie et par arrêtés des gouverneurs dans les colonies ou résidents généraux dans les pays de protectorat.

Les conditions relatives à la durée de ces engagements sont insérées dans l'acte même.

Les autres conditions sont lues aux contractants avant la signature, et mention en est faite à la fin de l'acte.

Dès qu'il a reçu un engagement, le maire est tenu d'aviser le commandant de recrutement dont relève l'engagé, qui prend les mesures nécessaires pour faire délivrer à celui-ci ou faire notifier à son domicile une feuille de route pour rejoindre son corps.

CHAPITRE II

Des Rengagements

Art. 54

Des rengagements pendant le service.

Les 1er, 2e et 4e paragraphes de cet article sont modifiés par l'article 28 de la loi du 7 août 1913 ci-après :

Conditions.

3e paragraphe. — La faculté de contracter un rengagement est accordée à tout militaire en activité qui compte au moins une année de service dans les troupes métropolitaines ou six mois dans les troupes coloniales. Ce rengagement date du jour de l'expiration légale du service dans l'armée active. La même faculté est accordée aux militaires qui ont quitté le service depuis moins de deux ans, s'ils désirent entrer dans les troupes métropolitaines ; à tous les militaires libérés comptant moins de trente-six ans d'âge, s'ils désirent entrer dans les troupes coloniales.

Loi du 10 juillet 1907, article premier. — « Toutefois, le militaire libéré ne peut rengager que pour trois ans au moins dans les troupes coloniales. Dans les troupes métropolitaines, le rengagement minimum qu'il peut contracter doit lui permettre de compléter au moins quatre ans de service. »

Renouvellement des rengagements Durée.

Loi du 7 août 1913, article 28. — « Les rengagements sont renouvelables jusqu'à une durée totale de quinze années de service pour les sous-officiers ou anciens sous-officiers de l'armée métropolitaine, pour les caporaux, brigadiers ou soldats de cette armée, occupant certains emplois désignés par le ministre de la guerre, pour les militaires de tous grades de l'armée coloniale, du régiment de sapeurs-pompiers de Paris, et de certains corps de l'armée métropolitaine d'Afrique désignés par le ministre ;

» De dix années, pour les brigadiers et soldats dans les régiments de cavalerie et les batteries des divisions de cavalerie ;

» Et de cinq années pour les brigadiers, caporaux et soldats des autres troupes métropolitaines.

» Dans les limites indiquées ci-dessus, les militaires de toutes armes et de tous grades peuvent contracter des rengagements de six mois, un an, dix-huit mois, deux, trois, quatre et cinq ans.

» Peuvent être maintenus sous les drapeaux, comme rengagés, après quinze ans de service

» 1° Les militaires de toutes armes et de tous grades, pourvus dans les différents corps et services de certains emplois déterminés par le ministre de la guerre ;

» 2° Les militaires de la gendarmerie, de la justice militaire, du régiment de sapeurs-pompiers de Paris, de la remonte, et le personnel employé dans les écoles militaires.

La durée maxima des rengagements successifs que peuvent contracter les militaires ayant plus de quinze ans de services est fixée à deux années; l'âge maximum auquel ils sont rayés des cadres est de cinquante ans, à l'exception des militaires occupant certains emplois sédentaires fixés par le ministre de la guerre, et qui peuvent être maintenus jusqu'à soixante ans. Les militaires de la gendarmerie pourront être maintenus jusqu'à l'âge de cinquante-cinq ans. »

LOI DE 1905

Art. 55

Nota. — *Le premier paragraphe de cet article est remplacé par l'article 28 de la loi du 7 août 1913 qui précède.*

Le deuxième paragraphe supprimé par la loi du 10 juillet 1907, article premier.

Troisième paragraphe modifié comme suit par la susdite loi du 10 juillet 1907.

Corps pour lesquels les rengagements peuvent être souscrits.

Les sous-officiers, caporaux et brigadiers sont, en principe, rengagés pour le corps dans lequel ils servent ou ont servi (loi de 1905). Toutefois ils peuvent être, sur leur demande, rengagés pour un autre corps dans lequel le nombre des rengagés et commissionnés n'atteindrait pas le complet réglementaire. Ils conservent leur grade, même s'ils ont quitté le service depuis plus de six mois, sauf le cas où ils se rengagent dans une arme autre que leur arme d'origine ou dans le régiment de sapeurs-pompiers de Paris. Dans ce cas, ils ne peuvent rentrer au service que comme simples soldats.

Le ministre peut toujours, dans l'intérêt du service, prononcer d'office le changement de corps d'un militaire rengagé.

Art. 56

Faculté et conditions du passage des militaires des troupes métropolitaines dans les troupes coloniales.

Tout militaire des troupes métropolitaines peut demander son passage dans les troupes coloniales, à condition d'avoir au moins deux ans et trois mois de service à accomplir. S'il est lié au service pour une durée moindre, il peut demander à la porter à deux ans et trois mois pour passer dans les troupes coloniales.

Le militaire gradé des troupes métropolitaines qui passe dans les troupes coloniales ne conserve son grade qu'en cas d'insuffisance du nombre des gradés dans les corps de troupe où il entre.

Conditions de conservation du grade.

Ces dispositions sont applicables aux militaires de la légion étrangère naturalisés Français.

Permutation des sous-officiers coloniaux avec des sous-officiers métropolitains.

Les militaires des troupes coloniales ne sont pas autorisés à demander leur passage aux troupes métropolitaines ; toutefois, les demandes de permutation entre sous-officiers peuvent être admises dans les conditions déterminées par le ministre.

ART. 57

Autorités chargées de recevoir les rengagements.

Les rengagements sont contractés devant les sous-intendants, les commissaires des troupes coloniales ou, à défaut, devant l'officier qui est leur suppléant légal, dans la forme prescrite par l'article 53 ci-dessus, sur la preuve que le contractant peut rester ou être admis dans le corps pour lequel il se présente.

ART. 58

Supprimé par l'article 29 de la loi du 7 août 1913.

ART. 59

Fixation de l'effectif des sous-officiers des troupes métropolitaines, pouvant rester sous les drapeaux après la durée légale du service, en vertu d'un rengagement ou d'une commission pour caporaux ou brigadiers.

Loi du 16 juillet 1906, article 2. — « Dans les troupes métropolitaines, le nombre des sous-officiers de chaque corps de troupes, restés sous les drapeaux au-delà de la durée légale du service, en vertu d'une commission ou d'un rengagement, est fixé aux trois quarts de l'effectif total des militaires de ce grade.

« Le nombre des caporaux et brigadiers dans les mêmes conditions est fixé au quart de l'effectif total [« dans la cavalerie et l'artillerie des divisions de cavalerie, celui des caporaux et brigadiers est fixé au quart de l'effectif total dans les autres armes ». *(Loi du 10 juillet 1907, art. 3.)*

» Pour l'arme de la cavalerie, ne seront pas compris dans les trois quarts des rengagés les sous-officiers du petit état-major et du peloton hors rang. *(Loi du 16 juillet 1906, art. 2.)* »

De toutes armes pour les simples soldats, pour les sapeurs pompiers.

Pour les simples soldats rengagés d'un an, leur nombre dans l'ensemble d'un corps de troupe pourra atteindre, mais non dépasser huit pour cent (8 %) de l'effectif de mobilisation des compagnies du temps de paix dans les troupes à pied et le train des équipages, et quinze pour cent de l'effectif de mobilisation des escadrons et batteries du temps de paix dans les troupes à cheval.

Dans le régiment de sapeurs-pompiers de Paris, le nombre des rengagés peut atteindre le total de l'effectif.

Les cavaliers et les artilleurs à cheval qui, à la fin de leur deuxième année de service, contractent un rengagement d'un an dans leur arme sans haute paye seront dispensés des périodes d'appel de la réserve active. *(Dernier alinéa supprimé par la loi du 10 juillet 1907 3.)*

CHAPITRE III

Avantages assurés aux engagés et rengagés

ART. 60

Avantages assurés aux engagés et aux rengagés.

Les jeunes gens qui contractent un engagement ont le droit de choisir leur arme et leur corps, sous la réserve des conditions d'aptitude physique exigées pour cette arme et des autres dispositions portées à l'article 50.

Loi du 7 août 1913, art. 30. — « Tout militaire lié au service pour une durée supérieure à la durée légale a droit, à partir du commencement de la quatrième année de présence sous les drapeaux, à une haute paye journalière dont le tarif est fixé par le ministre de la guerre, pour chaque grade et pour chacune des catégories ci-après :

» 1. Troupes et services de l'armée coloniale ;

» 2. Cavalerie et artillerie des divisions de cavalerie ;

» 3. Autres troupes et services de l'armée métropolitaine. »

Ces hautes payes pourront être augmentées pour certains corps.

Le droit à la haute paye journalière est

suspendu pendant le cours des punitions supérieures à huit jours de prison et des punitions de cellule.

Art. 61

Primes aux engagés et aux rengagés, mode de paiement de ces primes.

Loi du 7 août 1913, art. 31. — « Tout militaire des troupes métropolitaines qui contracte un engagement de manière à porter son service à quatre ou cinq années, a droit à une prime.

» Les militaires des troupes coloniales et de certains corps métropolitains d'Afrique désignés par le ministre de la guerre, y compris ceux ayant contracté un engagement dans les conditions prévues au deuxième paragraphe de l'article 51 de la loi du 21 mars 1905 ont droit à une prime à partir du commencement de leur quatrième année de service, jusqu'à la dixième inclusivement.

» Le taux de la prime varie suivant le temps que l'engagé ou le rengagé s'engage à passer sous les drapeaux et suivant le temps où il s'engage à servir

» Conformément aux règles qui seront fixées par décret, la prime peut n'être acquise à l'engagé ou au rengagé qu'au moment de sa libération, ou bien lui être payée en partie le jour de la signature de son engagement ou de son rengagement.

» Le reliquat lui en est alors payé, soit par annuités égales, soit en un seul versement au moment où il quitte le service. La partie de la prime constituant le dernier versement est augmentée de l'intérêt simple à 2 fr. 50 p. 100.

» Le ministre de la guerre fait connaître annuellement, à la date du 1er janvier, les tarifs des primes des sous-officiers, caporaux, brigadiers et soldats dans les différents corps. »

Le militaire de l'armée métropolitaine qui passe dans l'armée coloniale a droit au rappel de la différence entre la prime dont il avait bénéficié et celle existant dans l'armée coloniale, seulement pour une part proportionnelle au temps qui lui reste à accomplir dans cette dernière.

ART. 62

Les sous-officiers de toutes armes restant sous les drapeaux au-delà de cinq années de service ont droit, à partir du commencement de la sixième année, à une solde spéciale, dont les tarifs sont réglés par décret du président de la République et qui est perçue dans les mêmes conditions que celles des officiers.

Solde spéciale pour les sous-officiers après cinq ans de service.

Cette solde exclut toute autre indemnité ou allocation en nature, sauf les indemnités de marches, de manœuvres, de logement, de résidence et de rassemblement, s'il y a lieu, ainsi que les allocations en nature qui peuvent être attribuées aux troupes en campagne et les allocations réglementaires relatives à l'habillement.

ART. 63

Les sous-officiers qui ont accompli la durée légale du service et qui sont autorisés à loger en ville ont droit à une indemnité de logement dont les tarifs sont fixés par le ministre de la guerre, suivant les garnisons.

Indemnité de logement pour les sous-officiers mariés, autorisés à loger en ville.

ART. 64

Loi du 7 août 1913, article 32. — « Les militaires ayant accompli au moins quatre années de service ou une période de séjour aux colonies sont dispensés de la première période d'exercice de la réserve. »

Diverses dispenses de périodes dans la réserve.

Ceux ayant accompli au moins cinq ans de service sont dispensés des deux périodes d'exercices dans la réserve.

ART. 65

Les militaires de toutes armes qui quittent les drapeaux après quinze ans de service effectif ont droit à une pension proportionnelle à la durée de leur service ; après vingt-cinq ans de service, ils ont droit à une pension de retraite.

Pension proportionnelle pour les militaires ayant plus de quinze ans de service.

Ceux qui jouiront de ces pensions et qui seront titulaires du grade de sous-officier au moment où ils quitteront le service actif seront, pendant cinq ans au moins, et, en tout cas, jusqu'à leur libération défini-

Taux et calcul de ces pensions.

tive, à la disposition du ministre de la guerre pour les cadres de la réserve et de l'armée territoriale.

Sous-Officiers réformés après cinq ans de service.

Reversibilité des pensions ou secours aux veuves et aux orphelins.

La pension se règle sur le grade et l'emploi dont le militaire est titulaire, s'il en est investi depuis deux années consécutives, et sur le grade ou l'emploi inférieur dans le cas contraire.

Les taux des pensions et des pensions proportionnelles sont décomptés d'après les articles non abrogés de la loi du 11 avril 1831, d'après les lois du 25 juin 1861, du 18 août 1879 et le tarif joint à la loi du 11 juillet 1899.

Les autres conditions sont déterminées par un règlement inséré au *Bulletin des Lois*.

La pension s'ajoute toujours au traitement afférent à l'emploi civil dont le pensionnaire peut être pourvu aux termes des articles ci-après.

Les militaires qui obtiennent d'être commissionnés après avoir quitté les drapeaux ne pourront réclamer la pension de retraite ou la pension proportionnelle qu'après avoir servi cinq ans en cette qualité.

Les dispositions du présent article ne s'appliquent pas aux pensions des militaires de la gendarmerie, qui sont régies par des dispositions spéciales.

Loi du 7 août 1913, art. 33. — « Les sous-officiers de toutes armes qui, après avoir servi cinq ans au moins au-delà de la durée légale seraient réformés avant d'avoir acquis des droits à la pension proportionnelle, toucheraient, pendant un temps égal à la moitié de la durée de leurs services effectifs, une solde de réforme égale au montant de la pension proportionnelle de leur grade. »

Si, en raison de l'origine des blessures ou infirmités qui ont entraîné la réforme, le sous-officier a bénéficié, en outre, d'une gratification de réforme, temporaire ou permanente, le paiement de celle-ci sera suspendu aussi longtemps que le titulaire jouira de la solde de réforme.

Loi du 7 août 1913, art. 33. — « La pension civile ou les secours concédés à la veuve ou aux orphelins d'un fonctionnaire ou employé civil d'une administration publique ou de toute autre administration où des emplois sont réservés aux anciens militaires, décédé titulaire d'une pension proportionnelle au titre militaire, seront décomptés sur la totalité des services tant militaires que civils du mari ou du père. Chaque année de service militaire sera décomptée à raison de un vingt-cinquième de la pension ou du secours auquel cette veuve ou ces orphelins auraient eu droit si le mari ou le père avait accompli vingt-cinq années de services militaires.

» Il sera procédé, dans des conditions analogues, par une loi spéciale, à l'attribution de pensions ou de secours à la veuve ou aux orphelins des anciens militaires titulaires d'une pension proportionnelle, mais n'étant pas pourvus d'un emploi de l'Etat. »

ART. 66

Déchéance des militaires engagés ou rengagés de tout droit à haute paye et à dispense de périodes en cas de condamnation.

Tout militaire engagé ou rengagé qui, étant sous les drapeaux, subit une condamnation, soit à la peine des travaux publics, soit à celle de l'emprisonnement pour une durée de trois mois au moins, est déchu de tous ses droits à la haute paie et à la dispense des périodes d'instruction.

Le militaire qui a encouru la peine des travaux publics est également déchu de ses droits à la pension proportionnelle.

Envoi possible dans un bataillon d'infanterie légère d'Afrique.

En outre, si la condamnation tombe sous le coup de l'article 5 de la présente loi, il sera dirigé, à l'expiration de sa peine, sur un bataillon d'infanterie légère d'Afrique.

La même mesure sera prise à l'égard de l'engagé ou du rengagé qui, ayant été, par un seul jugement, déclaré coupable d'un crime ou d'un délit militaire et d'un des crimes et délits spécifiés aux 1er et 2e alinéas de l'article 5, aura été condamné à la peine des travaux publics par application de l'article 135 du Code de justice militaire.

Suspension du droit à haute paye.

Les dispositions de l'article 5, dernier alinéa, sont applicables aux militaires dirigés sur les bataillons d'Afrique en exécution du présent article.

Le droit à la haute paye est temporairement suspendu :

1° Pour tout militaire engagé ou rengagé, envoyé par mesure disciplinaire dans une compagnie de discipline, pendant la durée de son séjour dans cette compagnie.

2° Pour tout rengagé des régiments étrangers, des régiments de tirailleurs algériens et des bataillons d'infanterie légère d'Afrique, envoyé par mesure disciplinaire à la section de discipline de son corps pendant la durée de son séjour à ladite section.

ART. 67

Mise d'office à la retraite proportionnelle. Formalités et autorité compétente. Retrait de la commission.

L'admission d'office à la retraite proportionnelle ou la révocation des sous-officiers, caporaux, brigadiers et soldats commissionnés sont prononcées par le ministre ou par le général commandant le corps d'armée, délégué, d'après l'avis du conseil d'enquête constitué suivant les règlements militaires en vigueur. Cet avis ne peut être modifié qu'en faveur de l'intéressé.

La commission est, en outre, retirée de plein droit lorsque, ayant été délivrée en vertu d'un emploi ou d'un traité déterminé, cet emploi est supprimé ou le traité est résilié ou vient à expiration.

ART. 68

Rétrogradation ou cassation. Formalités et autorité compétente.

La rétrogradation ou la cassation des sous-officiers, brigadiers ou caporaux rengagés est prononcée par le ministre ou par le général commandant le corps d'armée, délégué, d'après l'avis du conseil d'enquête constitué suivant les règlements actuellement en vigueur pour les sous-officiers. Cet avis ne peut être modifié qu'en faveur de l'intéressé.

CHAPITRE IV

Des Emplois réservés aux Engagés et Rengagés

ART 69

Emplois civils réservés aux sous-officiers.

Les emplois désignés au tableau E, annexé à la présente loi, sont réservés, dans les proportions indiquées audit tableau, aux sous-officiers de toutes armes qui ont accompli au moins dix ans de service et qui ont obtenu, en raison de leur manière de servir, l'avis favorable du conseil de régiment, ainsi qu'un certificat d'aptitude professionnelle.

Loi du 7 août 1913, art. 34. — « Les emplois désignés au tableau F, également annexé à la présente loi, sont réservés dans les mêmes conditions aux sous-officiers, brigadiers et caporaux de toutes armes qui ont accompli au moins quatre ans de service, et aux simples soldats ayant accompli au moins cinq ans de service dans la cavalerie ou l'artillerie des divisions de cavalerie. Un certain nombre des emplois de ce dernier tableau sont réservés aux militaires de tous grades de l'armée coloniale ayant quinze années de service, dont dix au moins dans l'armée coloniale et aux militaires de tous grades de certaines unités métropolitaines d'Afrique désignées par le ministre, ayant accompli quinze années de service dont dix au moins dans des corps ; ces militaires ont également droit aux autres emplois du même tableau. »

Les emplois désignés au tableau G, également annexé à la présente loi, sont réservés, dans les mêmes conditions, aux simples soldats de toutes armes ayant accompli au moins quatre ans de service.

Loi du 7 août 1913, art. 34. — « Les 4e et 5e paragraphes de la loi du 21 mars 1905 sont supprimés. »

Un règlement d'administration publique répartit les emplois de chaque tableau en catégories et détermine le mode d'obtention du certificat d'aptitude professionnelle pour chacune de ces catégories.

ART. 70

Classement pour les emplois civils.

Le classement des candidats aux emplois est opéré par une commission nommée par décret du président de la République, sur le rapport du ministre de la guerre, et composée :

D'un général de division, président ;

De trois directeurs d'armes du ministère de la guerre et du directeur des troupes coloniales ;

D'un maître des requêtes au conseil d'Etat ;

D'un fonctionnaire du corps de contrôle de l'administration de l'armée ;

D'un délégué de chacun des ministères autres que celui de la guerre et d'un délégué du sous-secrétariat des postes et télégraphes ;

D'un fonctionnaire civil de l'Administration centrale de la guerre, secrétaire.

Les compagnies ou administrations étrangères à l'Etat qui consentent à attribuer des emplois aux anciens militaires sont représentées respectivement dans la commission par le délégué du ministère qui se trouve plus spécialement en relation avec elles.

Le secrétaire de la commission est chargé, sous l'autorité du général président, de la centralisation de tous les renseignements et dossiers concernant les candidats, de l'examen des améliorations à apporter dans la collation des emplois, des mesures à prendre pour assurer l'application de la loi, enfin de l'étude des propositions à adresser au ministre de la guerre en vue des modifications à introduire dans les tableaux E, F. et G par suite de créations ou de transformations d'emplois. Ces dernières modifications devront faire l'objet de règlements d'administration publique rendus sur la proposition du ministre de la guerre.

Les modifications à l'organisation administrative entraînant des suppressions d'emplois, des changements dans leur dénomination ou dans leur répartition par classes, doivent être notifiées à la commission de classement par l'administration intéressée (70).

ART. 71

Supprimé par l'article 36 de la loi du 7 août 1913.

ART. 72

Obligations et devoirs des autorités civiles et militaires relatives à ce classement.

Les divers départements ministériels ou administrations desquels dépendent les emplois mentionnés aux tableaux B, F. et G adressent, dans le courant de décembre de chaque année, au ministre de la guerre, un état de prévision du nombre des emplois de chaque espèce dont la vacance est à prévoir dans le cours de l'année suivante.

Cet état de prévision est notifié à tous les corps de troupe et porté à la connaissance des candidats par les chefs de corps.

Au commencement de chaque trimestre, les chefs de corps adressent au ministre de la guerre les dossiers de demandes des candidats dont le temps de service expire dans le trimestre qui s'ouvrira trois mois plus tard.

Les candidats peuvent demander plusieurs emplois en indiquant leur ordre de préférence.

Les militaires à qui sont ouverts les emplois du tableau E ont la faculté de concourir pour les emplois des tableaux F et G; ceux à qui sont ouverts les emplois du tableau F ont la faculté de concourir pour les emplois du tableau G.

La commission se réunit dans le cours du trimestre et opère dans chaque catégorie le classement des candidats par ordre de mérite et en tenant compte de la durée des services effectifs sans que toutefois ceux-ci puissent être comptés pour plus de quinze années; les emplois sont ensuite attribués suivant ce classement et suivant l'ordre de préférence de chacun des candidats Chacun d'eux n'est désigné que pour un seul emploi. Notification du classement établi et de l'attribution des emplois est adressée aux corps de troupe.

Les tableaux de classement sont publiés au *Journal officiel.*

Si les demandes de certains candidats n'ont pu recevoir satisfaction, ils sont avisés d'avoir à attendre le classement trimestriel suivant ou d'accepter l'un des emplois qui pourront leur être offerts faute de ceux qu'ils avaient demandés

ART 73

Nomination à des emplois civils. Obligations des administrations étrangères à l'Etat relativement aux militaires par elles nommés.

Les nominations doivent être faites dans l'ordre du classement adopté par la commission et transmis par elle aux ministères et administrations intéressées. Elles sont insérées, quelle que soit l'autorité dont elles émanent, au *Journal officiel.* Pour les emplois, dont les militaires ne peuvent bénéficier que dans une certaine proportion, le libellé de la nomination doit faire ressortir qu'elle est conférée au titre militaire ou au titre civil suivant un tour régulièrement fixé.

Lorsqu'une vacance ne peut être imputée au tour appartenant aux militaires, faute de candidat classé dans cette catégorie, la vacance est dévolue à un candidat civil et la cause en est mentionnée à la suite de la nomination.

Toute nomination non insérée au *Journal officiel* est nulle et non avenue, sans que cette nullité puisse être opposée aux tiers.

Le premier payement pour les traitements afférents aux emplois prévus aux tableaux E, F et G, quelle que soit l'origine des titulaires, ne pourra avoir lieu sans que le mandat fasse mention du numéro du *Journal officiel* dans lequel la nomination a été publiée.

Les administrations étrangères à l'Etat adressent au secrétariat de la commission le compte rendu des nominations qu'elles ont faites au fur et à mesure qu'elles se produisent.

Les militaires régulièrement inscrits sur les listes de classement peuvent porter devant le Conseil d'Etat statuant au contenlieux leurs réclamations contre les décisions des autorités compétentes qui auront nommé des titulaires à des emplois sans tenir compte de leur ordre de classement ou de la proportion exclusivement attribuée aux candidats militaires.

Ces pourvois sont dispensés de l'intervention d'un avocat au Conseil d'Etat.

ART. 74

Epoque à laquelle peut avoir lieu la nomination à des emplois civils.

Les nominations aux emplois ne peuvent avoir lieu plus de trois mois avant l'expiration légale du temps de service du candidat.

En cas d'insuffisance d'emplois, les candidats sont autorisés à attendre au corps leur nomination à l'emploi qu'ils ont sollicité ou accepté · pendant deux ans, s'il s'agit d'un emploi du tableau E; pendant un an, s'il s'agit d'un emploi du tableau F ou du tableau G. Dans ce cas, ils sont assimilés aux commissionnés, continuent à faire leur serivce et ne sont pas remplacés dans leur grade ou emploi militaire.

ART. 75

Faculté pour les militaires ayant droit à un emploi et ayant quitté le service sans l'avoir obtenu, de solliciter cet emploi.

Les militaires remplissant les conditions pour obtenir les emplois civils et qui ont quitté le service sans les avoir sollicités peuvent néanmoins, dans les cinq années qui suivent leur libération, adresser une demande d'emploi par l'intermédiaire de la gendarmerie. Le général commandant la subdivision de leur domicile établit alors leur dossier et les convoque, s'il y a lieu, pour subir les examens professionnels.

Droits des militaires réformés par suite de blessures.

Les militaires réformés ou retraités par suite de blessures ou infirmités contractées au service peuvent profiter des dispositions de l'article 69 quel que soit le temps passé par eux au service, s'ils remplissent les conditions d'âge et d'aptitude fixées pour l'emploi qu'ils sollicitent.

Les anciens militaires qui se sont démis volontairement d'un des emplois prévus aux tableaux E, F et G ne peuvent plus concourir au titre militaire pour un emploi réservé.

ART. 76

Compte rendu des nominations faites.

Chaque année, le président de la commission adresse au ministre de la guerre un compte rendu de ses opérations faisant connaître également le nombre de nominations effectuées dans les différents emplois. Ce compte rendu est inséré au *Journal officiel* et annexé au compte-rendu des opérations du recrutement adressé chaque année par le ministre de la guerre aux deux Chambres, en exécution de l'article 95 de la présente loi.

ART. 77

Concessions aux militaires en Algérie et aux colonies.

Les sous-officiers des troupes coloniales qui se retirent après huit ans de service dans ces troupes, et les caporaux, brigadiers ou soldats de ces mêmes troupes qui se retirent après quinze ans de service, dont dix dans l'armée coloniale, peuvent, s'ils sont mariés ou veufs avec enfants et s'ils en font la demande, recevoir, dans l'année qui suit leur libération, un titre de concession sur les terres disponibles en Algérie et dans les colonies. Cette concession leur sera accordée dans les mêmes conditions que celles qui sont faites aux autres colons.

Loi du 7 août 1913, art. 37. — « Les militaires libérés après quinze ans de service dans les corps métropolitains d'Afrique désignés par le ministre de la guerre auront droit aux mêmes avantages que les militaires des troupes coloniales en ce qui concerne les emplois réservés visés au deuxième paragraphe de l'article 63 de la loi du 21 mars 1905 et les concessions visées par le présent article. »

ART. 78

Envoi aux Mairies du tableau des avantages réservés aux engagés et aux rengagés.

Un tableau faisant connaître les divers avantages réservés aux militaires engagés et rengagés, les principaux emplois offerts aux militaires remplissant les conditions énumérées à l'article 69 et les tarifs annuels des primes et hautes payes des différents corps de troupe est adressé, au commencement de chaque année, aux mairies de toutes les communes, aux bureaux de recrutement et aux chefs de corps. Ce tableau reste affiché dans un endroit apparent jusqu'à ce qu'il soit remplacé par le tableau de l'année suivante.

Ainsi que du tableau des emplois qui leur sont réservés.

En outre des tableaux détaillés des emplois portés aux tableaux E, F et G sont envoyés par le secrétariat de la commission à tous les maires et à tous les corps de troupe. Ces tableaux indiquent, pour chaque nature d'emploi, le traitement fixe, les indemnités ou accessoires, les conditions d'admissibilité, ainsi que les moyennes présumées des vacances annuelles. Ils doivent être mis à la disposition des personnes désirant les consulter.

TITRE V

DISPOSITIONS PÉNALES

Art. 79

Fraudes touchant le recrutement.

Toutes fraudes ou manœuvres par suite desquelles un jeune homme a été omis sur les tableaux de recensement sont déférées aux tribunaux ordinaires et punies d'un emprisonnement d'un mois à un an.

Sont déférés aux mêmes tribunaux et punis de la même peine :

1° Les jeunes gens appelés qui, par suite d'un concert frauduleux, se sont abstenus de comparaître devant le conseil de revision;

2° Les jeunes gens qui, à l'aide de fraudes ou manœuvres, se font exempter par un conseil de revision, sans préjudice de peines plus graves en cas de faux.

Les auteurs ou complices sont punis des mêmes peines.

Si le jeune homme omis a été condamné comme auteur ou complice de fraudes ou manœuvres, les dispositions des articles 15 et 16 de la présente loi lui sont appliquées.

Le jeune homme indûment exempté est rétabli en tête de la première partie de la classe appelée, après qu'il a été reconnu que l'exemption avait été indûment accordée.

ART. 80

Pénalités encourues par les hommes convaincus de s'être volontairement mutilés.

Tout homme prévenu de s'être rendu impropre au service militaire, soit temporairement, soit d'une manière permanente, dans le but de se soustraire aux obligations imposées par la présente loi, est déféré aux tribunaux, soit sur la demande des conseils de revision, soit d'office. S'il est reconnu coupable, il est puni d'un emprisonnement d'un mois à un an.

Sont également déférés aux tribunaux et punis de la même peine les jeunes gens qui, dans l'intervalle de la clôture de la liste cantonale à leur mise en activité, se sont rendus coupables du même délit.

A l'expiration de leur peine, les uns et les autres sont mis à la disposition du ministre de la guerre pour tout le temps du service militaire qu'ils doivent à l'Etat et sont envoyés dans une compagnie de discipline.

Les complices sont punis de la peine prévue aux aliénas 1 et 2 du présent article et, s'ils n'ont pas encore terminé la durée légale de leur service actif sous les drapeaux, les dispositions du troisième aliéna leur sont applicables.

Si les complices sont des médecins, des officiers de santé ou des pharmaciens, la durée de l'emprisonnement est pour eux de deux mois à deux ans, indépendamment d'une amende de deux cents francs (200 fr.) à mille francs (1,000 fr.) qui peut être aussi prononcée et sans préjudice de peines plus graves, dans le cas prévu par le Code pénal.

ART. 81

Pénalités encourues par les médecins, en matière de conseil de révision.

Les médecins militaires ou civils qui, appelés au conseil de revision à l'effet de donner leur avis, conformément aux articles 16, 17, 18 et 19 de la présente loi, ont reçu des dons ou agréé des promesses pour être favorables aux jeunes gens qu'ils doivent examiner, sont punis d'un emprisonnement de deux mois à deux ans sans préjudice des peines plus graves prononcées par l'article 262 (Code justice militaire) quand il s'agit de médecins militaires ayant commis le délit prévu par ledit article.

Cette peine leur est appliquée, soit qu'au moment des dons ou promesses ils aient déjà été désignés pour assister au conseil de revision, soit que les dons ou promesses aient été agréées en prévision des fonctions qu'ils auraient à y remplir.

Il leur est défendu, sous la même peine, de rien recevoir, même pour une exemption justement prononcée.

Ceux qui leur ont fait des dons ou promesses sont punis de la même peine.

Art. 82

Pénalités encourues par les fonctionnaires ayant accepté des exemptions autres que celles prévues par la loi.

Tout fonctionnaire ou officier public, civil ou militaire qui, sous quelque prétexte que ce soit, a autorisé ou admis des exclusions ou exemptions autres que celles déterminées par la présente loi, ou qui aura donné arbitrairement une extension quelconque soit à la durée, soit aux règles ou conditions des appels, des engagements ou des rengagements, sera coupable d'abus d'autorité et puni des peines portées dans l'article 185 Code pénal, sans préjudice des peines plus graves prononcées par l'art. 261 (Code just. milit.) quand il s'agit de militaires coupables d'un des crimes prévus par ledit article.

Art. 83

Pénalités encourues pour retard à répondre à un appel au service et pour insoumission.

Tout jeune soldat appelé, ou tout autre militaire dans ses foyers, rappelé à l'activité, à qui un ordre de route a été régulièrement notifié et qui, hors le cas de force majeure n'est pas arrivé à sa destination au jour fixé par cet ordre est, après un délai de trente jours en temps de paix, considéré comme insoumis et puni des peines portées par l'article 230 (Code justice militaire).

Est également considéré comme insoumis tout engagé volontaire et tout militaire ayant contracté un rengagement après renvoi dans ses foyers, qui, hors le cas de force majeure, n'est pas arrivé à sa destination, en temps de paix, dans les trente jours qui suivent le jour fixé par sa feuille de route.

La notification de l'ordre de route est faite, pour les appelés, au domicile et, en cas d'absence, au maire de la commune dans laquelle l'appelé a été porté sur la liste de recensement.

Pour les militaires rappelés, la notification est faite à la résidence déclarée et, en cas d'absence, au maire du domicile.

Le délai d'insoumission est porté en temps de paix : à deux mois pour les hommes affectés à des corps de l'intérieur, qui demeurent en Algérie, en Tunisie ou hors de France en Europe, et pour les hommes affectés à des corps d'Algérie demeurant dans tout autre pays.

Si l'insoumis appartient à un corps mobilisé ou faisant partie de troupes d'opérations, ou si son corps est stationné sur un territoire compris dans la zone des armées, les délais fixés par les paragraphes 1 et 2 sont réduits à deux jours et ceux fixés par le paragraphe 5 sont réduits de moitié. Dans ce cas, les noms des insoumis sont affichés, pendant toute la durée de la mobilisation ou des opérations, dans toutes les communes du canton de leur domicile; les insoumis qui sont condamnés sont, à l'expiration de leur peine, envoyés dans une compagnie de discipline.

Loi du 13 mars 1912. — « Dans aucun cas, le temps pendant lequel les hommes visés à tous les paragraphes qui précèdent n'auront pas été présents sous les drapeaux, ne comptera dans les années de service exigé. »

ART. 84

Pénalités encourues pour avoir recélé un insoumis.

Quiconque est reconnu coupable d'avoir sciemment recélé ou pris à son service un homme recherché pour insoumission ou d'avoir favorisé son évasion est puni d'un emprisonnement qui ne peut excéder six mois. Selon les circonstances, la peine peut être réduite à une amende de cinquante francs (50 fr.) à cinq cents francs (500 francs).

La même peine est prononcée contre ceux qui, par des manœuvres coupables, ont empêché ou retardé le départ des jeunes soldats.

Si le délit a été commis à l'aide d'un attroupement, la peine sera double.

Si le délinquant est fonctionnaire public, employé du gouvernement ou ministre d'un culte salarié par l'Etat, la peine peut être portée jusqu'à deux années d'emprisonnement, et il est, en outre, condamné à une amende qui ne pourra excéder deux mille francs (2,000 francs).

Sont exceptées des dispositions pénales prévues par le présent article les personnes désignées dans le dernier paragraphe de l'article 248 (Code pénal).

ART. 85

Pénalités encourues par les militaires en congé, les réservistes, les territoriaux et les hommes de la réserve de l'armée territoriale pour retard à répondre à une convocation.

En temps de paix, les militaires en congé dans leurs foyers en attendant leur passage dans la réserve de l'armée active et ceux de l'armée territoriale et de la réserve de cette armée qui, étant rappelés à l'activité en vertu de la loi par voie d'affiches ou par ordres d'appels individuels, ne seront pas, hors le cas de force majeure, rendus le jour fixé au lieu indiqué par les affiches ou ordres d'appel, ou qui, étant convoqués d'urgence et sans délai, auront excédé le temps strictement nécessaire pour se rendre à leur destination seront passibles d'une punition disciplinaire.

Si sur notification d'un ordre de route individuel leur réitérant l'ordre de rejoindre, les hommes désignés au paragraphe précédent ne se présentent pas à leur destination dans les quinze jours suivant le jour fixé par cet ordre, ils seront considérés comme insoumis et passibles des pénalités de l'insoumission.

Lorsqu'ils appartiennent à un corps mobilisé ou faisant partie de troupes d'opérations, ou lorsque leur corps est stationné sur un territoire compris dans la zone des armées, les militaires, rappelés autrement que par la voie de mobilisation au moyen d'affiches ou de publications sur la voie publique, sont déclares insoumis si, sur notification directe d'un ordre de route, ils ne se rendent pas à leur destination dans les deux jours suivant le jour fixé par cet ordre.

Insoumis.

En cas de mobilisation, les militaires rappelés sont déclarés insoumis si, hors le cas de force majeure, ils ne se sont pas conformés aux mesures prescrites par l'ordre de route contenu dans leur livret pour assurer leur arrivée à destination.

Par exception aux dispositions qui précèdent, les hommes se trouvant dans le cas prévu à l'article 46 de la présente loi ne seront, en cas de mobilisation ou de rappel de leur classe par décret, déclares insoumis que s'ils ont excédé de quinze jours en temps de paix, ou de deux jours dans les cas prévus aux paragraphes 3 et 4 ci-dessus, les délais strictement nécessaires pour se rendre, par les voies les plus rapides, directement de leur résidence à la destination qui leur est assignée.

Les dispositions des paragraphes 4, 5 et 6 de l'article 83 sont applicables aux hommes visés par le présent article.

Tout homme qui n'a pas rejoint au jour indiqué pour des manœuvres ou exercices peut être astreint par l'autorité mliitaire à faire ou à compléter dans un corps de troupe le temps de service pour lequel il était appelé.

Les dispositions du présent article ne sont applicables, en temps de paix, aux hommes de la réserve de l'armée territoriale convoqués pour assister à des revues; ces hommes ne sont, en cas de retard ou manquement à ces revues, passibles que de punitions disciplinaires.

Sont également passibles de peines disciplinaires les hommes des différentes catégories de réserve ayant contrévenu aux obligations qui leur sont imposées par les articles 31 et 45 de la présente loi.

Conditions pour être déclaré insoumis.

Les punitions disciplinaires infligées aux hommes des réserves dans leurs foyers ne peuvent pas excéder huit jours de prison; ce maximum est réduit à quatre jours pour les hommes appartenant à l'armée territoriale ou à la réserve de cette armée

L'autorité militaire assure l'exécution de ces punitions dans les locaux disciplinaires des corps les plus rapprochés.

ART. 86

Pénalités encourues par les jeunes gens marins qui se sont fait rayer et n'ont pas fait la déclaration prescrite par l'article 27.

Les hommes liés au service dans les conditions mentionnées à l'article 27 ci-dessus, qui n'ont pas fait les déclarations prescrites audit article, sont déférés aux tribunaux ordinaires et punis d'une amende de dix francs (10 fr.) à deux cents francs (200 fr.). Ils peuvent, en outre, être condamnés à un emprisonnement de quinze jours à trois mois.

En temps de guerre, la peine est double.

ART. 87

Application des peines des articles 81, 82 et 84 aux tentatives des délits prévus par ces articles.

Les peines prononcées par les articles 81, 82 et 84 de la présente loi sont applicables aux tentatives des délits prévus par ces articles.

ART. 88

Application en temps de paix des circonstances atténuantes pour les délits ci-dessus.

Pour toutes les peines prononcées par la présente loi, les juges peuvent, en temps de paix, accorder des circonstances atténuantes : l'application est faite, pour les condamnés n'appartenant pas à l'armée conformément à l'art. 463 (Code pénal) et pour les condamnés militaires ou assimilés aux militaires, conformément à l'article 1er de la loi du 19 juillet 1901.

TITRE VI

Recrutement en Algérie et aux colonies

Art. 89

Etendue de l'application de la loi en Algérie, Tunisie et diverses colonies.

Les dispositions de la présente loi sont applicables en Algérie et en Tunisie. Elles le sont également dans les colonies de la Guadeloupe, de la Martinique, de la Guyanne et de la Réunion.

Art. 90

Etendue de l'application de la loi pour autres colonies et les pays de protectorat, sous certaines réserves.

Elles sont également applicables dans les autres colonies et pays de protectorat sous les réserves suivantes :

En dehors d'exceptions motivées et dont il serait fait mention dans le compte rendu prévu par l'article 95 ci-après, les Français et naturalisés résidant dans l'une de ces colonies ou pays de protectorat sont incorporés dans les corps les plus voisins et, après une année de présence effective sous les drapeaux, au maximum, ils sont envoyés en congé s'ils ont satisfait aux conditions de conduite et d'instruction militaire déterminées par le ministre de la guerre.

S'il ne se trouve pas de corps stationnés dans un rayon fixé par arrêté ministériel, ces jeunes gens sont dispensés de la présence effctive sous les drapeaux. Dans le cas où cette situation viendrait à se modifier avant qu'ils aient atteint l'âge de trente ans révolus, ils seraient appelés dans le corps de troupe le plus voisin pour y recevoir l'instruction militaire pendant un laps de temps qui ne pourrait dépasser une année.

Mobilisation en cas de guerre des hommes valides, habitant les colonies et ayant terminé leur service militaire.

Loi du 7 août 1913, art 38. — « En cas de mobilisation générale, les hommes valides qui ont terminé leurs vingt-huit ans de service sont incorporés avec la réserve de l'armée territoriale, sans cependant être appelés à servir hors du territoire de la colonie où ils résident. »

Si un Français ou naturalisé Français,

ayant bénéficié des dispositions du paragraphe 2 du présent article, transportait son établissement en France avant l'âge de 30 ans accomplis, il devrait compléter dans un corps de la métropole le temps de service dans l'armée active prescrit par l'article 32 de la présente loi, sans toutefois pouvoir être retenu sous les drapeaux au-delà de l'âge de 30 ans.

Art. 91

Les jeunes gens inscrits sur les listes de recrutement de la métropole, résidant dans une colonie ou un pays de protectorat où il n'y aurait pas de troupes françaises stationnées, pourront, sur l'avis conforme du gouverneur ou du résident, bénéficier des dispositions contenues dans les paragraphes 3 et suivants de l'article précédent.

La même disposition s'applique aux jeunes gens inscrits sur les listes de recrutement d'une colonie autre que celle où ils résident.

Art. 92

Conditions de recrutement des corps étrangers et indigènes.

Les conditions spéciales de recrutement des corps étrangers et indigènes sont réglées par décret, jusqu'à ce qu'une loi spéciale ait déterminé les conditions du service militaire des indigènes.

TITRE VII

DISPOSITIONS PARTICULIERES

Art. 93

Non application de diverses pénalités accessoires aux hommes ayant bénéficié de la loi de sursis.

Loi du 11 avril 1910, art. 6. — « L'article 5, le cinquième paragraphe de l'article 6, le dernier paragraphe de l'article 41 et l'alinéa 3e du paragraphe 2 de l'article 50 ne s'appliquent pas aux hommes ayant bénéficié de la loi du 26 mars 1891, à moins qu'ils n'aient été condamnés pour avoir fait métier de souteneur.

» En cas d'inconduite grave durant leur

Possibilité d'envoyer aux bataillons d'infanterie légère d'Afrique, les appelés ou engagés visés dont il est parlé plus haut.

présence sous les drapeaux, les hommes appelés ou engagés visés aux paragraphes ci-dessus peuvent, sur la proposition de leur chef de corps et par décision ministérielle, être envoyés aux bataillons d'infanterie légère d'Afrique.

Application de l'article à diverses catégories d'inscrits.

» Les inscrits visés au paragraphe 2 de l'article 7 de la loi du 24 décembre 1896 sont soumis aux dispositions du présent article et peuvent également, en cas d'inconduite grave, recevoir, par décision ministérielle, la même destination que les hommes du recrutement. »

Art. 94

Obligation d'organiser l'instruction militaire préparatoire.

Une loi spéciale déterminera :

1° Les mesures à prendre pour rendre uniforme, dans tous les lycées et établissements d'enseignement, l'application de la loi du 27 janvier 1880, imposant l'obligation des exercices ;

2° L'organisation de l'instruction militaire pour les jeunes gens de dix-sept à vingt ans et le mode de désignation des instructeurs.

Détermination d'un nombre supplémentaire de médailles militaires.

Loi du 7 août 1913, art. 39. — « Une loi qui devra être promulguée dans le délai maximum d'un an après la promulgation de la présente loi, déterminera le nombre supplémentaire des médailles militaires à mettre à la disposition du ministre de la guerre et la répartition des médailles militaires entre les divers corps et armes. »

Art. 95

Obligation de rendre compte aux Chambres de l'exécution des dispositions de la loi.

Chaque année, avant le 30 juin, il sera rendu compte aux Chambres, par le ministre de la guerre, de l'exécution des dispositions contenues dans la présente loi pendant l'année précédente.

Dispositions de la loi 1913, ne se référant pas à des articles de la loi du 21 mars 1905 :

ART. 35

Facteurs adultes.

Les emplois de facteurs adultes des télégraphes à Paris et dans les départements sont réservés en totalité aux jeunes facteurs arrivés à leur majorité pour permettre leur titularisation.

25 % des emplois de facteurs à Paris et de facteurs de ville dans les départements sont laissés à la disposition de l'administration pour assurer l'avancement du personnel local, rural et suburbain et la réintégration des jeunes facteurs des télégraphes.

25 % des emplois de facteurs locaux et ruraux sont réservés aux facteurs militaires remplissant les conditions qui seront déterminées par l'administration et aux candidats civils appartenant de préférence à des familles nombreuses et réunissant les conditions réglementaires.

Le tableau G, annexé à la loi du 21 mars 1905 est en outre modifié comme suit :

Adfinistration centrale.

ART. 40

Suppression de divers emplois de divers tableaux.

Sont supprimés du tableau E les emplois de chef de brigade de gendarmerie, et du tableau G les emplois de gendarme à pied et à cheval.

Les Classes 1910, 1911 et 1912

ART. 41

Non application de la loi aux hommes appelés des classes 1910, 1911 et 1912.

La présente loi n'est pas applicable aux appelés appartenant aux classes 1910, 1911 et 1912, qui demeurent régies par la loi du 21 mars 1905.

Toutefois, les dispositions de l'article 18, relatives à la nouvelle durée du service dans les réserves, seront appliqués aux hommes de toutes les classes appelés ou recensés en vertu des lois antérieures,

Application de la loi pour la nouvelle durée du service à tous les hommes non dégagés actuellement par leur âge du service militaire.

libérés ou non du service militaire actif, à l'exception des hommes actuellement dégagés par leur âge de toute obligation militaire.

Situation des engagés spéciaux par devancement d'appel.

Les jeunes gens qui, au moment de la promulgation de la présente loi, servent comme engagés spéciaux par devancement d'appel demeurent régis, quelle que soit leur classe de recrutement, par les clauses de l'engagement qu'ils ont souscrit par application de l'article 50 de la loi du 21 mars 1905.

Faculté pour les jeunes gens engagés depuis le 1er janv. 1913 de rétracter leur engagement jusqu'au jour de l'incorporation de la classe 1912 en perdant tout droit aux primes et hautes payes qui avaient été attachées à leur engagement.

A partir de la promulgation de la présente loi et seulement jusqu'au jour de l'incorporation de la classe de 1912, les jeunes gens de cette classe engagés pour trois ans depuis le 1er janvier 1913 seront, sur leur demande, assimilés au point de vue de la date de leur libération aux hommes de la classe à laquelle ils appartiennent.

Ils perdront de ce fait tout droit aux primes et hautes payes.

Avantages à ceux qui ne rétracteront pas.

Ceux qui ne réclameront pas le bénéfice de cette mesure auront droit à une haute paye à partir de la troisième année de service et à une prime de libération de 300 francs

Application immédiate de la loi aux engagés et rengagés

Les dispositions nouvelles relatives aux engagements et rengagements entreront immédiatement en vigueur. Les militaires qui servent en qualité de commissionnés conserveront cette situation jusqu'à leur libération, à moins qu'ils ne demandent eux-mêmes à continuer à servir comme rengagés.

Maintien de toutes les dispositions de la loi de 1905 non contraires à la loi de 1913.

Sont et demeurent en vigueur les dispositions de la loi du 21 mars 1905 qui ne sont pas contraires à la présente loi.

Des décrets détermineront les mesures d'exécution de la présente loi.

Dispositions additionnelles

Art. 42

Fixation à 5 ans après la promulgation de loi de l'application des dispositions de l'art. 13 relatives à l'obligation des

La disposition du 7e paragraphe de l'article 13 de la présente loi, relatif au concours d'admission à l'Ecole spéciale militaire ou à l'Ecole polytechnique, ne sera applicable que cinq ans après la promulgation de la présente loi.

trois dernières années d'études en France pour admission aux Ecoles spéciales militaires et polytechnique.

ART. 43

Par mesure transitoire, un sursis d'office est accordé aux jeunes gens de la classe 1913 qui n'auront pas répondu à l'appel de leur classe, lorsque ces jeunes gens seront domiciliés à l'étranger.

Sursis d'office aux jeunes gens de la classe 1913 établis à l'étranger s'ils n'ont pas répondu à leur appel.

ART. 44

Sont autorisés, du 15 août au 15 novembre 1913, dans les limites fixées par le ministre :

1° Les devancements d'appel pour les jeunes gens de dix-huit, dix-neuf, vingt ans; par mesure transitoire, exceptionnelle, seront admis les devancements d'appel des jeunes gens de dix-huit ans non pourvus du certificat d'aptitude militaire.

2° Les rengagements des hommes libérables de toutes armes : rengagements d'un an, avec haute paye de 1 franc par jour et prime de libération de 500 francs; rengagements de deux ans, avec haute paye de 1 franc et prime de libération de 1,100 francs.

3° Dans les mêmes conditions de durée de haute paye et de prime — mais la prime étant payée au jour du rengagement — le rengagement des soldats ayant accompli leur service militaire et obtenu à leur libération le certificat de bonne conduite, n'ayant encouru aucune condamnation et ne dépassant pas vingt-six ans au 31 décembre de l'année de leur engagement.

Avancements d'appel admis transitoirement : pour les jeunes gens de 18 ans non pourvus du certificat d'aptitude militaire. Rengagements particuliers avec prime et haute paye. Rengagements spéciaux : pour les hommes déjà libérés, pourvus du certificat de bonne conduite, n'ayant pas encouru de condamnation et n'ayant pas 26 ans.

ART. 45

Les casernes nouvelles et les casernes anciennes, après achèvement de leurs travaux d'aménagement et de réparations, ne pourront être utilisées qu'après avoir été reçues et déclarées en état de salubrité nécessaire et suffisant par le service de santé.

Obligation de constater l'état de salubrité des casernes nouvelles, avant de les employer au logement des troupes.

ART. 46

Dispositions relatives aux français ou naturalisés français, nés à l'étranger et y résidant.

Obligations les concernant, soit pendant leur séjour hors de France, soit après leur retour.

Les Français ou naturalisés Français nés à l'étranger hors d'Europe ou des pays limitrophes de la Méditerranée et y résidant peuvent être admis à bénéficier des dispositions concernant les Français résidant dans les colonies ou pays de protectorat visés à l'article 90 de la loi du 21 mars 1905

Ils accomplissent, dans ce cas, leur service militaire dans une des colonies les plus voisines, suivant la répartition arrêtée par décret rendu sur la proposition des ministres de la guerre et des affaires étrangères, sous réserve des dispositions contenues au troisième alinéa de l'article précité.

Ces dispositions sont également applicables aux Français ou naturalisés Français qui se sont établis à l'étranger hors d'Europe ou des pays limitrophes de la Méditerranée avant l'âge de dix-huit ans, ou qui s'y sont établis après cet âge, s'ils n'ont pu, pour cause d'inaptitude physique, contracter l'engagement prévu à l'article 25 de la présente loi.

Les jeunes gens visés au présent article doivent, en cas de mobilisation, rejoindre dans le plus bref délai leur corps d'affectation.

S'ils revenaient en France avant leur passage dans l'armée territoriale, ils devraient accomplir ou compléter dans un corps de la métropole le temps de service dans l'armée active prescrit par l'article 18, sans toutefois pouvoir être retenus sous les drapeaux au delà de la date où leur classe d'origine passe dans l'armée territoriale.

Pendant les périodes de résidence obligatoire à l'étranger prévues par les dispositions du présent article, les intéressés sont admis à faire en France, chaque année, des séjours de trois mois.

ART. 47

Dispositions relatives au recrutement des indigènes en Algérie, aux colonies et dans les pays de protectorat.

Dans le délai de six mois à partir de la promulgation de la présente loi, le gouvernement présentera un projet de loi réglant les conditions de recrutement des indigènes en Algérie, aux colonies et dans les pays de protectorat.

ART. 49

Dispense de l'impôt personnel et mobilier pour les militaires mariés dont la cote est inférieure à dix francs, en principal.

Pendant la durée de leur service dans l'armée active, ne sont pas assujettis à l'impôt personnel et mobilier les hommes de troupe mariés dont la cote ne dépasse pas 10 francs en principal.

ART. 50

Application des dispositions de l'article 12 aux réservistes, aux territoriaux et à leur famille, pendant leurs périodes d'instruction.

L'article 12 de la présente loi est applicable aux réservistes, aux territoriaux et à leur famille pendant l'accomplissement de leurs périodes d'instruction.

Toute disposition contraire est abrogée.

TABLEAU ANNEXÉ. — Effectif minima des unités des différentes armes.

(Article 1er, loi du 7 août 1913.)

	Infanterie.		Cavalerie.	Artillerie.				Génie.						
	Compagnie d'infanterie et de zouaves de France.	Compagnie de chasseurs à pied.	Régiment de cavalerie.	Batterie montée et d'artillerie lourde.	Batterie à cheval.	Batterie de montagne.	Batterie à pied.	Compagnie de sapeurs-mineurs.	Compagnie de télégraphistes.	Compagnie de chemins de fer.	Compagnie de radiotélégraphistes.	Compagnie de sapeurs-conducteurs.	Compagnie d'aéronautique.	Détachement de projecteurs.
	1	2	3	4	5	6	7	8	9	10	11	12	13	14
Unités à effectif normal.	140	»		110			120	140						
			740		175	140			140	200	220	130 fort 90 faible	150	50
Unités à effectif renforcé.	200	200		140			160	200						

Impr. Régionale, 57, rue Bayard. — Toulouse

www.ingramcontent.com/pod-product-compliance
Lightning Source LLC
Chambersburg PA
CBHW071240200326
41521CB00009B/1555

9782011277176